Steinpilz, Pfifferling

— und —

Champignon

DR. EWALD GERHARDT

Steinpilz, Pfifferling
und
Champignon

Die beliebtesten
Pilze sammeln
und zubereiten

BLV

BLV Verlagsgesellschaft mbH
München Wien Zürich
80797 München

Lektorat: Dr. Friedrich Kögel
Herstellung: Rosemarie Schmid
Satz, Layout, Litho: Layout &
Grafik 1000 GmbH, München
Druck: Appl, Wemding
Bindung: Auer, Donauwörth

Umschlaggestaltung: Studio
Schübel, München
Umschlagfotos: Ewald Gerhardt,
Einklinker: S. & P. Eising/StockFood

Gedruckt auf chlorfrei gebleichtem
Papier

Printed in Germany
ISBN 3-405-15448-0

Die Deutsche Bibliothek –
CIP-Einheitsaufnahme

Gerhardt, Ewald:
Steinpilz, Pfifferling und Cham-
pignon : die beliebtesten Pilze
sammeln und zubereiten /
Ewald Gerhardt. – München ;
Wien ; Zürich : BLV, 1998
ISBN 3-405-15448-0

Bildnachweis
Pilzfotos: Dr. Ewald Gerhardt
Rezepte: S. & P. Eising/StockFood,
außer S. 77: Visa/Vasseur/
StockFood, München

Hinweis
Der Speisenwert der in diesem
Buch behandelten Pilze wurde
nach bestem Wissen sowie
neuestem Kenntnisstand angege-
ben. Wer Pilze ißt, handelt jedoch
auf eigene Verantwortung, da
Autor und Verlag weder etwaige
individuelle Unverträglichkeiten
noch die Sammelgewohnheiten
des Einzelnen kennen. Wir war-
nen allgemein vor dem Genuß
zu alter Pilze, insbesondere aber
vor Rohverzehr. Das Prädikat
»eßbar« bezieht sich stets auf
den durch Kochen, Braten oder
andere Hitzebehandlung zube-
reiteten Pilz, sofern nicht anders
vermerkt.

Inhalt

Einführung

Vorliegendes Pilzbüchlein ist für den angehenden Pilzfreund bestimmt, der auch den kulinarischen Freuden nicht abgeneigt ist. Doch Pilzesammeln kann bekanntlich gefährlich werden, sofern man den Falschen erwischt. Es ist daher ratsam, sich zuerst wenige gut kenntliche Arten, eßbare wie giftige, besonders einzuprägen. Dabei wird dieses kleine Buch wertvolle Hilfe leisten. Es enthält die häufigsten und bekanntesten Speise- und Giftpilze, vorgestellt in fachkundigen Texten und natürlichen, am Standort aufgenommenen Farbfotos. Leckere, sorgsam ausgewählte Rezeptvorschläge im hinteren Teil runden das Werk ab.

Die Merkmale der dargestellten Giftpilze sollte jeder eingehend studieren. Und natürlich gilt die alte Regel, nur solche Pilzarten zu verwenden, die eindeutig als »eßbar« erkannt werden. Zur Bestätigung ist es ratsam, anfangs immer den Rat eines Kenners einzuholen oder das Sammelgut dem Fachmann einer Pilzberatungsstelle vorzulegen.

Wie erkenne ich einen Giftpilz?

Leider gibt es dafür keine Allgemeinregeln. Altüberlieferte Volksweisheiten, nach denen ein anlaufender Silberlöffel oder die Verfärbung einer mitgekochten Zwiebel einen Giftpilz entlarven sollen, sind gefährlicher Unsinn. Auch Tierfraß und Madengänge taugen nicht als Indiz für die Genießbarkeit. Einziger Schutz vor Vergiftungen ist, durch selbstgemachte Erfahrungen die einzelnen Arten kennenzulernen.

Sollte doch einmal Verdacht auf Pilzvergiftung bestehen, so muß möglichst schnell ärztliche Hilfe geholt werden. Erste Selbsthilfen wie Trinken von Milch, Alkohol oder Salzlösungen sind zu unterlassen. Äußerst wichtig dagegen wäre das Aufheben von übriggebliebenen Pilzen, Putz- oder Essenresten, eventuell auch Erbrochenem, um eine schnelle Artbestimmung durch einen Pilzfachmann zu unterstützen.

Zur Lebensweise der Pilze

Pilze können wir im Wald, auf Feldern, Wiesen, Weiden und selbst in Parkanlagen oder Gärten finden. Gemäß ihrer Aufgaben im Haushalt der Natur sind sie beispielsweise Lebenspartner von Bäumen und Sträuchern, befallen aber auch geschwächte Laub- und Nadelbäume und bringen sie zum Absterben oder zersetzen totes Holz, abgefallene Blätter und Nadeln. Sie ernähren sich von Humus, Mist und anderen tierischen wie pflanzlichen Abfällen. Der Mangel an Blattgrün macht sie vom Licht unabhängig. Deshalb lebt der aus feinen Pilzfäden geflochtene Vegetationskörper (Myzel) unter Lichtabschluß, etwa im Erdboden oder in dem besiedelten Holz. Was wir sehen und sammeln ist nur der Fruchtkörper, an dem die der Verbreitung dienenden Pilzsporen gebildet werden.

Sammeln

Weil Pilze im Naturhaushalt äußerst wichtige Aufgaben erfüllen, sollten wir sie schonend behandeln, vor allem nie mutwillig zerstören. Sachgerechtes Absammeln dürfte ihnen nach bisheriger Erfahrung nicht schaden. Korb und Messer sind die dafür benötigten Utensilien. Während das Taschenmesser zum Abschneiden oder vorsichtigen Herausheben der Pilze dient, sorgt anschließend der Korb für luftige und druckgeschützte Lagerung. Die bei sommerlichen Temperaturen entstehende stickig-feuchte Atmosphäre einer Plastiktüte kann das enthaltene Eiweiß schnell zersetzen und so eßbare Pilze verderben. Eine unangenehme »Lebensmittelvergiftung« wäre die Folge. Jüngere bis mittelalte, noch festfleischige Exemplare sind bevorzugt zu nehmen. Alte, Madige, Zerfressene oder ganz Junge sollten am besten stehenbleiben. Sand und Humusreste gehören nicht in den Korb. In den meisten Fällen ist daher eine Vorreinigung an Ort und Stelle empfehlenswert.

Verwerten

Die gesammelten Pilze sollte man möglichst bald verwerten. Von Stunde zu Stunde verlieren sie nämlich merklich an Qualität, indem sie durch Wasserverlust schrumpfen oder innerlich von bislang unsichtbaren Larven durchfressen werden. Waren sie im Walde in sehr gutem Zustand, so ist eine Lagerung an einem kühlen Ort (z. B. im Gemüsefach des Kühlschranks) bis zu drei Tagen möglich. Für geringen Abfall und beste Güte werden sie, wenn irgend möglich, noch am Tage des Sammelns in ein leckeres Pilzgericht verwandelt.

Für das Waschen nur soviel Wasser wie nötig verwenden. Dann folgt das Putzen mit einem Küchenmesser. Ein Längsschnitt durch Hut und Stiel gibt Aufschluß über ein eventuelles »Innenleben«. Dabei bedenke man, daß eine kleine Made noch keinem geschadet hat! Bei Arten mit schleimigen Hüten (z. B. Butter-Röhrling) sollte die Huthaut entfernt werden. Röhrenfutter oder Lamellen bleiben dran, sofern sie in gutem Zustand sind. Übrigens: Ein Pilzgericht darf am nächsten Tag auch einmal aufgewärmt werden. Hier gelten dieselben hygienischen Regeln wie für andere eiweißhaltige Speisen. Für eine Konservierung sind die heute gebräuchlichsten Methoden Trocknen und Einfrieren.

Beim **Trocknen** werden möglichst saubere Fruchtkörper zerkleinert, mindestens aber halbiert, dann bei etwa 40 °C getrocknet. Elegant wäre die Benutzung eines im Handel erhältlichen Dörrgerätes. Hier kann mittels Thermostat die gewünschte Trockentemperatur eingestellt werden. Doch die Zentralheizung tut es auch, sofern sie in Betrieb ist. Letztendlich kann sogar ein Elektro- oder Gasherd (Umluft, schwächste Temperatur, halb offene Tür) die Arbeit verrichten. Die rascheltrockenen Pilze müssen sofort in dichte Behälter oder verschließbare Haushaltsbeutel aus Kunststoff überführt werden, da sie sonst Luftfeuchtigkeit aufsaugen und wieder weich werden. Richtig gelagert halten sie sich jahrelang.

Zum **Einfrieren** koche man die sauberen Pilze einmal kurz in Salzwasser auf. Nach einer kurzen Abtropfzeit erfolgt dann die Schockfrierung in kleinen Portionen. Eine Haltbarkeit von mindestens sechs Monaten ist die Norm.

Nährwert

Das »Fleisch des Waldes«, wie Pilze oft bezeichnet werden, ist eine kalorienarme Kost. Selbst der vielgelobte Eiweißgehalt hält sich im Gegensatz zum Fleisch sehr in Grenzen. Die Wände der Pilzzellen, bestehend aus Chitin, sind für uns kaum verdaulich und werden größtenteils wieder ausgeschieden. Dennoch sind Pilze, ihre Eßbarkeit vorausgesetzt, sehr gesund und vor allem schmackhaft. Ihre Stärke liegt besonders in den unvergleichlichen Aromastoffen. Doch auch hoher Gehalt an Vitamin B und verdauungsfördernde Fermente (Enzyme) machen sie begehrenswert, ebenso ihre spezifischen Heilkräfte. Antibakterielle Wirkung und Vorbeugung gegen Krebserkrankungen, Stärkung des Immunsystems sowie Senkung des Cholesterin- und Blutzuckerspiegels werden einigen Pilzarten schon lange bescheinigt. Auf der anderen Seite hat die pilzliche Eigenschaft, Schadstoffe aus der Umwelt aufzunehmen, negative Schlagzeilen gemacht. Hohe Gehalte an Schwermetallen und radioaktivem Cäsium sind besonders zu nennen. Inzwischen ist man sich weitgehend darüber einig, daß bei maßvollem Pilzkonsum die positiven Eigenschaften überwiegen.

Naturschutz

Die in diesem Buch vorgestellten Arten Steinpilz, Pfifferling, Brätling, Birkenpilz, Espen-Rotkappe und Speise-Morchel genießen eingeschränkten Schutz. Sie dürfen nur für den privaten Verbrauch in Maßen gesammelt werden, nicht aber, um mit ihnen Handel zu betreiben. Leider sind Zuwiderhandlungen an der Tagesordnung! Der verantwortungsbewußte Naturfreund sammelt nur für sich oder die eigene Familie. Naturschutzgebiete und Schonungen sollten tabu sein, um die Zunft der Pilzsammler nicht in Verruf zu bringen.

Steinpilz
Fichten-Steinpilz
Boletus edulis

Hut in diversen Brauntönen,
5–25 cm breit; unterseits mit weißer
bis olivgelblicher Röhrenschicht
(Schwamm); Stiel blaß, hell netzartig
gezeichnet; Fleisch bleibend weiß;
Geruch angenehm.

Ein üppiger Fund knackiger Steinpilze ist der Wunschtraum aller Pilzfreunde. Heute mehr denn je, hört man doch ständig vom allgemeinen Rückgang der Pilzflora. Erfreulicherweise ist aber gerade der Steinpilz in einigen Gegenden wieder häufiger geworden. Besonders in trockenen Jahren sprießen nach lang ersehntem Regen seine Fruchtkörper geradezu massenhaft. Von Juli bis Anfang November können wir in fast allen Waldformationen zum glücklichen Finder werden. Steinpilze sind weder in der Wahl ihrer Baumpartner noch ihres geologischen Untergrundes besonders kritisch. Sie erscheinen daher im Fichten- und Kiefernwald genauso wie unter Birken, Rotbuchen oder Eichen. Die meist bräunliche Hutfarbe, weiße bis olivgelbliche Röhrenmündungen, blasse Netzzeichnung am Stiel und weißes, nicht blauendes Fleisch sind kennzeichnend. Je jünger der Pilz, desto dicker und gedrungener sein Stiel. Manchmal ist der Stiel sogar massiger als der Hut. Deshalb lohnt es sich, ihn nicht einfach abzuschneiden, sondern sorgsam mit der Basis aus dem Erdreich zu heben und das entstandene Loch zum Schutz des lichtempfindlichen Pilzgeflechts (Myzels) wieder zu verschließen.
Für die Verwertung in der Küche gibt es für unseren »König der Speisepilze« unendlich viele Varianten. Nur bei

Empfohlene Rezepte
S. 70 (gratiniert)
S. 72 (gebraten)
S. 74 (Rigatoni)
S. 76 (Suppe)
S. 80 (gebacken)

Rohgenuß können manchmal Bauchschmerzen die Folge sein. **Sommer-Steinpilz**, **Kiefern-Steinpilz** und **Schwarzhütiger Steinpilz** sind ähnlich aussehende, hinsichtlich des Speisewertes ebenbürtige Verwandte. Ein klassischer Doppelgänger des Steinpilzes ist der bitter schmeckende **Gallen-Röhrling** (S. 12), der das ganze Essen verderben kann. Wer Röhrlinge für Speisezwecke sammelt, sollte unbedingt den giftigen **Satans-Röhrling** (S. 16) kennen. Seine weißlichen Hüte erinnern an umherliegende Kalksteine.

ungenießbar

Gallen-Röhrling
Bitterling
Tylopilus felleus

Hut mittelbraun, glanzlos, 4–15 cm breit; unterseitige Röhren weiß, dann rosa bis fleischfarben; Stiel olivgelblich, mit dunklerer Netzzeichnung; Geruch angenehm; Geschmack bitter.

Junge Gallen-Röhrlinge ähneln den Steinpilzen so sehr, daß ihre Unterscheidung ohne Kostprobe einiger Erfahrung bedarf. Das Probieren des rohen Pilzes ist ungefährlich, da er keinerlei Giftstoffe enthält. Manchmal, besonders wenn die Pilze in einer Feuchtwetterperiode gesammelt wurden, bemerkt man die Bitterkeit erst mit Verzögerung. Einigen Glücklichen (sie können die Pilze bedenkenlos essen) signalisiert der Geschmackssinn die Bitterstoffe nicht. Gewöhnlich aber reicht bereits ein Bruchstück der falschen Art, um das Essen ungenießbar zu machen. In der Pilzberatung habe ich schon erlebt, daß Übereifrige mit einem ganzen Kofferraum ihres

Autos voller vermeintlicher Steinpilze zu mir kamen, mühevoll gesammelt und transportiert. Nach meiner Diagnose »alles Bitterlinge« zogen sie enttäuscht von dannen. Sie hätten wegen ihrer Habgier eigentlich Schelte verdient, denn der Gallen-Röhrling ist ein wertvoller Baumpartner des Nadelwaldes, den man stehenlassen sollte. Von August bis Mitte September kann man gelegentlich

Massenvorkommen beobachten, während die Art gegen den Spätherbst immer seltener auftritt. Die Hüte besitzen oft den mittleren Braunton von Wellpappe. Beim Reifen färben sich die anfänglich weißen Röhren der Unterseite rosa. An berührten Stellen bräunen sie und nehmen im Alter diesen Farbton gänzlich an. Am keuligen, olivgelblichen Stiel, der in ganzer Länge von einem dunkleren, groben Netz überzogen ist, kann schon der Jungpilz erkannt werden.

Der eßbare **Sommer-Steinpilz** ist besonders ähnlich. Seinem Stiel fehlt aber der olivgelbliche Farbton, welcher den des übelschmeckenden Doppelgängers auszeichnet. Ebenfalls bitter sind der seltene **Wurzelnde Bitter-Röhrling** und der **Schönfuß-Röhrling** (S. 17). Beide sind durch leuchtendgelbe Röhren und blauendes Fleisch gekennzeichnet.

Flockenstieliger Hexen-Röhrling

Schusterpilz

Boletus erythropus

Hut dunkelbraun, samtig, 5–20 cm breit; Röhren rot, gedrückt schwarzblau; Stiel rot, flockig punktiert; Fleisch gelb, intensiv blauend, fest; Geruch neutral; Geschmack mild.

Schon an geringsten Verletzungen der Oberfläche läuft der Pilz sofort intensiv dunkelblau an, um nach einiger Zeit wieder zu verblassen. Das Blauwerden ist aber nur eine harmlose Erscheinung, die mit Hexerei nichts zu tun hat. Die Verfärbung tritt auf, wenn der Pilzsaft mit der Luft in Kontakt kommt (Oxidation). Heute noch schrecken unkundige Sammler vor diesem vermeintlich giftigen Pilz zurück und deponieren ihn nach dem Pflücken lieber am Wegrand, statt ihn als willkommene Bereicherung der Pilzernte heimzutragen. Der dunkelbraune, fast samtige, trockene Hut, die roten Röhrenmündungen, besonders aber der rötlich punktierte Stiel lassen diesen guten Speisepilz leicht erkennen. Bei geeigneter Witterung kann er etwa von Juni bis Oktober im Laub- und Nadelwald gefunden werden. Er bevorzugt saure Böden, erkennbar an dort wachsenden Blaubeersträuchern oder Heidekraut. Auch die oberflächliche Versauerung durch Ansammlung von Nadel- oder Laubhumus kann bisweilen seinen Standortansprüchen genügen.

Beim Zubereiten wandelt sich das Blau des zerschnittenen Fleisches in ein sympathischeres Gelb. Die Festigkeit läßt uns im Flockenstieligen Hexen-Röhrling zu recht einen gut lagerfähigen, bißfesten, ergiebigen Speisepilz vermuten. Er ist gut erhitzt ohne Einschränkung

Empfohlene Rezepte
S. 70 (gratiniert)
S. 72 (gebraten)

14

verwendbar. Wegen seines Geschmacks wird er von Kennern sehr geschätzt.

Dem unerfahrenen Sammler werden Röhrlinge mit roten Röhren wegen der Verwechslungsgefahr mit dem giftigen **Satans-Röhrling** (S. 16) nicht empfohlen.

Dem ähnlichen **Netzstieligen Hexen-Röhrling** wird eine Unbekömmlichkeit in Verbindung mit Alkoholgenuß nachgesagt. Das Netzmuster seines bauchigen Stieles ist kaum zu übersehen, und auch die helleren, ins Gelboliv gehenden Hutfarben sind gut unterscheidbar. Bei seinem Verzehr sollte zur Sicherheit drei Tage vor und nach der Mahlzeit kein Alkohol konsumiert werden.

Satans-Röhrling
Satanspilz
Boletus satanas

 giftig

Hut weißlich, 8–25 cm breit; Röhrenmündungen (Unterseite) rot; Stiel rot, Untergrund und Fraßstellen gelblich, genetzt; Fleisch blaß, etwas blauend; Geruch alt aasartig.

Der Name besagt nichts Gutes. Doch wenn wir ehrlich sind, haben wir es mit einem ausgesprochen hübsch aussehenden Pilz zu tun. In seinem natürlichen Umfeld, dem Kalkbuchenwald, ist der wie ein weißer Kalkstein aussehende, rundliche Hut eine gute Tarnung. Beim Umdrehen mahnt uns die auffällig gefärbte Unterseite gemäß der Anfängerregel: »Von roten Röhren laß dich nicht betören.« Der derbe Stiel weist karminrote und gelbe Bereiche auf, verziert durch ein rötliches Netzmuster. Das Rot kann beim überalterten Pilz fast völlig verschwinden. Dann verstärkt sich aber ein unangenehmer, an Aas erinnernder Geruch. Der Jungpilz riecht eher süßlich-obstig, und nach

Angaben Vergifteter soll auch der Geschmack ausgezeichnet sein. Satans-Röhrlinge sind ziemlich selten. Vermeintliche Finder hatten oft nur einen der stärker blauenden, ungefährlichen Hexen-Röhrlinge im Korb. Der wissenschaftliche Entdecker der Art und Lehrer Hans Othmar Lenz berichtet im Jahre 1840 nach reichlichem Genuß zubereiteter Satans-Röhrlinge über langanhaltende, kraftzehrende Magen- und Darmstörungen mit Übelkeit und Erbrechen. Todesfälle sind bis heute nicht bekannt.

Der Schönfuß-Röhrling besitzt einen bitteren Geschmack.

Der schwach giftige **Schönfuß-Röhrling** *(Boletus calopus)* besitzt im Gegensatz zum Satans-Röhrling keine roten, sondern gelbe Röhrenmündungen. Eine Verwendung in der Küche wird meist durch den bitteren Geschmack vereitelt. Die Art ist von Juli bis Oktober besonders im Mittelgebirge auf verschiedenen Bodenarten des Laub- und Nadelwaldes zu Hause. Leider wird auch sie immer seltener und gilt als gefährdet und schonenswert.

Maronen-Röhrling

»Marone«
Xerocomus badius

Empfohlene Rezepte
S. 70 (gratiniert)
S. 72 (gebraten)
S. 74 (Rigatoni)
S. 76 (Suppe)

Hut dunkelbraun, jung trocken, 5–10 cm breit; Röhren gelblicholiv, auf Druck blauend; Stiel meist schlank, gemasert, ohne Netzzeichnung; Fleisch fest, etwas blauend; aromatisch.

In Rezepten wird dieser wohlschmeckende Röhrling oft etwas nachlässig als »Marone« bezeichnet. Gemeinsamkeiten mit der bekannten Eßkastanie bestehen aber allenfalls in farblicher Hinsicht. Die maronenbraunen Hüte des beliebten Speisepilzes sind gemäß seiner Zugehörigkeit zu den »Filzröhrlingen« im Jugendzustand matt und trocken. Nur bei lang anhaltendem Regen kann bei reiferen Exemplaren ein gewisser Schmierglanz auftreten. Die unterseitige Röhrenschicht ist zunächst mattgelblich, färbt sich aber mit fortschreitender Reife zunehmend olivgelb bis olivgrün.

Berührt läuft sie nach kurzer Zeit blau oder blaugrünlich an. Diese Reaktion ist so typisch, daß auch »alte Hasen« verunsichert sind, wenn sie bei trockenem Wetter einmal ausbleibt. Ein wichtiger Unterschied zum Steinpilz besteht in der Oberfläche des schlankeren Stieles. Sie ist bräunlich gemasert, doch nie mit einem Netzmuster versehen. Auch blaut das geschnittene Fleisch des Maronen-Röhrlings, wenn auch nicht so auffällig wie bei den Hexenröhrlingen. Für Sammler, denen eine reiche Steinpilzernte verwehrt blieb, ist der häufige Maronen-Röhrling willkommener Ersatz. Er liebt vor allem die sauren Böden des Nadelwaldes und ist zur Herbstzeit sowohl in reinen Kiefern- und Fichtenwäldern als auch im Mischwald zu finden. Auf Kalkböden, wie ich sie aus Tirol kenne, wird man die Art vergeblich suchen. Geschmacklich ist der Maronen-Röhrling dem Steinpilz nahezu ebenbürtig, was in vielen Rezepten zum Ausdruck kommt. Er sollte aber beim Zubereiten unbedingt ausreichend erhitzt werden. Rohkost kann Vergiftungen zur Folge haben. Eßbare Arten wie die olivhütige **Ziegenlippe** oder der schwach säuerlich schmeckende **Rotfuß-Röhrling** sind ähnlich. Der seltene, eßbare **Hasen-Röhrling** unterscheidet sich durch nicht blauendes Fleisch und weißbleibende Röhren.

Birkenpilz
Kapuziner
Leccinum scabrum

Hut heller oder dunkler braun, matt, 4–12 cm breit; Röhren schmutzig-weißlich; Stiel schlank, rauhschuppig; Fleisch weiß, kaum verfärbend; Geruch und Geschmack angenehm, neutral.

Wegen seiner Veränderlichkeit wird der Birkenpilz in zahlreiche Kleinarten unterteilt. Das Spektrum seiner Hutfarben reicht von reinweiß über hasel- und zimt- bis hin zu schwarzbraun. Mittlere Brauntöne sind die Normalerscheinung. Da der Pilz mit Birken in Symbiose lebt (seine Pilzfäden tauschen mit den Wurzeln Stoffe aus), zeigen sich die rundlichen Hüte stets in deren Wurzelbereich, ob in Sumpfgebieten oder an trockeneren Wegrändern. Auch in Park- und Grünanlagen, Gärten, Friedhöfen oder gar Mittelstreifen städtischer Autostraßen kann man von Juli bis Oktober fündig werden, sofern dort wenigstens ein Exemplar des Baumpartners steht. Die Oberflächen der Pilzhüte sind matt und trocken, können aber im Alter klebrig werden. Dann schaut auch die Röhrenschicht polsterförmig unter dem Hut hervor und das Fleisch wird schwammig.

Wer beim Bestimmen noch Unsicherheiten hat, erkennt den Birkenpilz spätestens an seinem rauhschuppigen Stiel. Durch die dunklen, auf hellem Untergrund stehenden Schüppchen erinnert er an den zerklüfteten Stamm einer Birke. Manchmal ist im oberen Bereich sogar ein unvollständiges, langgezogenes Netzmuster sichtbar. Wenn wir das feste Stielfleisch anschneiden, bemerken wir keine auffällige Verfärbung, allenfalls einen gelegentlich auftretenden rötlichen Anflug.

Empfohlene Rezepte
S. 70 (gratiniert)
S. 72 (gebraten)
S. 76 (Suppe)

In jüngeren, festfleischigen Stadien kann der Birkenpilz als guter, ergiebiger, vielseitig verwendbarer Speise- und Mischpilz bezeichnet werden. Die ähnlichen **Rotkappen** (S. 22) gehören zur gleichen Gattung. Ihre meist ziegelrötliche Huthaut steht am Rande schmal saumartig über, und das angeschnittene Fleisch verfärbt sich auffällig. Der schwärzende **Hainbuchen-Rauhfuß** sieht dem Birkenpilz besonders ähnlich. Die Farben seines grubigen Hutes spielen mehr ins Graugelbliche. Getreu seines Namens finden wir ihn ausschließlich unter Hainbuchen. Alle »Rauhfüße« sind eßbar.

Espen-Rotkappe
Leccinum rufum

Hut ziegelrot, mit Randsaum,
6–18 cm breit; Röhren weiß bis
cremefarben; Stiel mit rotbräunlichen
Schüppchen; Fleisch erst rötend,
dann schwärzend; Geruch und
Geschmack neutral.

Unter Zitterpappeln (Espen)
lohnt es sich, nach Rotkappen
Ausschau zu halten. Pilz und
Baum leben in einer innigen
Wurzelsymbiose (Mykorrhiza)
und helfen sich gegenseitig bei
der Nahrungsaufnahme. Wer
heute Rotkappen findet, kann
sich glücklich schätzen. Die
Ursachen ihres Rückgangs in
Mitteleuropa sind uns nicht
exakt bekannt.
Im Vergleich zum viel häufige-
ren Birkenpilz sind Rotkappen
festfleischiger und aromatischer
und deshalb die besseren
Speisepilze. In Skandinavien
finden wir die »Rotkäppchen«
noch in größeren Mengen.
Der meist kräftig ziegelrot oder
orange gefärbte Hut und
besonders die am Rand kurz

überstehende Huthaut machen
die Unterscheidung zum Birkenpilz leicht. Ganz junge
Rotkappen erkennt man an
deren knopfförmigen Hüten,
die dem Stiel wie aufgepfropft
erscheinen. Selbst hier ist
schon deutlich der gesäumte
Hutrand zu sehen. Bei gerade
erst aufgeschirmten Kappen

Empfohlene Rezepte
S. 70 (gratiniert)
S. 72 (gebraten)
S. 76 (Suppe)

sind die Röhren der Unterseite nahezu weiß, und der Stiel erscheint ebenfalls ziemlich farblos. Seine Schüppchen entwickeln ihre rotbräunliche Farbe erst etwas später. Beim Einsammeln färbt sich die angeschnittene Stielbasis zunächst rötlich, um dann über Blaulila in einen grauschwärzlichen Ton überzugehen. Die Reihenfolge der erscheinenden Farben ist artspezifisch und demnach nicht bei allen Rotkappenarten gleich. Eine Verwechslung untereinander wäre aber völlig ungefährlich, da sie alle von gleich gutem Speisewert sind.

Bei der Zubereitung färbt sich das Fleisch schiefergrau, was uns in Anbetracht des zu erwartenden ausgezeichneten Pilzgeschmacks nicht stören sollte. Zum Schmoren, Dünsten, Braten und selbst Trocknen sind Rotkappen bestens geeignet. Unter Birken wächst die ähnliche **Heide-Rotkappe**, deren Stiel schon in der Jugend mit auffallend schwärzlichen Schüppchen besetzt ist. Ihr angeschnittenes Fleisch schwärzt, ohne vorher zu röten.

Butter-Röhrling
Butterpilz
Suillus luteus

Hut meist dunkelbraun, schleimig, 4–12 cm breit; Röhren gelb, anfangs durch Haut verschlossen; Stiel mit violettgrauen Ringresten; weichfleischig; Kiefernbegleiter.

Röhrenpilze, deren Hüte bei feuchter Witterung schmierig oder schleimig sind, werden treffend als »Schmierröhrlinge« bezeichnet. Der Butter-Röhrling ist wohl der Bekannteste unter ihnen. In sandigen Kiefernwäldern ist er noch heute ein Massenpilz, der von Juli bis November gesammelt werden kann. Seine äußeren Merkmale, insbesondere der dunkel rotbraune, jung typisch gebuckelte

Empfohlene Rezepte
S. 74 (Rigatoni)
S. 76 (Suppe)

Hut und der fast immer erkennbare violettgraue Stielring lassen eine Verwechslung kaum zu. Die schleimige Huthaut ist ein Schutz gegen Schneckenfraß. Den Kriechtieren ist anscheinend die schlüpfrige Oberfläche zuwider, mit deren Hilfe sie sich ja selber gegen Freßfeinde zur Wehr setzen. Einmal im Korb gelandet, ziehen die klebrigen Hüte Schmutzteilchen, Nadeln, Sand oder Humus wie ein Magnet an. Ich rate daher zum frühzeitigen Abziehen der Oberhaut, am besten gleich im Wald. Das dabei zum Vorschein kommende, weißgelbliche Hutfleisch wirkt gleich viel appetitlicher. Junge, feste Pilze sind alten, weichlichen vorzuziehen. Kleinere, unten noch halb geschlossene Exemplare sind schmackhafte, auch zum Einfrieren geeignete Mischpilze. Trocknen ist wegen der Weichfleischigkeit kaum zu empfehlen. Nach Literaturangaben soll es Menschen geben, die auf den Genuß des Butter-Röhrlings allergisch reagieren. Ihnen sei vom Verzehr abgeraten.

Der häufige **Gold-Röhrling** *(Suillus grevillei)* besitzt einen goldgelben bis orangebraunen Hut und ist Lärchenbegleiter. Man begegnet ihm schon ab Juni. Seine leuchtenden Hüte fallen auf dunklem Waldboden mehr auf als jene des Butterpilzes. Der Speisewert beider Arten ist vergleichbar. **Grauer** und **Rostroter Lärchen-Röhrling** sind seltenere, ebenfalls eßbare Begleiter der Lärche. Sie wachsen nur auf Kalkböden.

Gold-Röhrlinge wachsen nur unter Lärchen.

Schaf-Champignon

Anis-Champignon
Weißer Anis-Egerling
Agaricus arvensis

Hut weiß, alt gelblich, 5–15 cm breit;
Lamellen jung graurosa; Ringunter-
seite sternförmig oder zahnradartig
aufspaltend; Fleisch gilbend;
Geruch anisartig.

Jedem dürfte der überall erhält-
liche Zucht-Champignon ein
Begriff sein. Doch nur wenige
Pilzfreunde wissen, daß in
Mitteleuropa etwa 50 verschie-
dene Wildchampignons unterschieden werden. Eine der
häufigsten, ergiebigsten und
leichtest erkennbaren Arten ist
der Schaf-Champignon. Er
besiedelt gedüngte Wiesen,
Weiden und Felder, seltener
Ränder lichter Laub- und Nadel-
wälder, gern aber auch gut
gewässerte Gärten und Parkanlagen. Die Fruchtkörper erscheinen bei günstiger Witterung
schon ab Mai in Gruppen,
Reihen oder Kreisen und können bis zum Oktober gefunden
werden. Bei reichlichem Nah-
rungsangebot wachsen sie auch
in Büscheln.
Wie alle Champignons ernährt
sich auch der Schaf-Champignon von mit Naturdung an-
gereicherten Humusstoffen im
Boden. Die anfangs graurosa
gefärbten Lamellen werden
erst bei der Reife dunkelbraun.
Sie unterscheiden sich hierin
deutlich von den bleibend
weißen Lamellen giftiger Knollenblätterpilze (S. 30, 32). Ein
gutes Merkmal ist der breithäu-
tige Stielring, dessen Unterseite zahnradartig aufbricht. Das
weiße Pilzfleisch färbt sich bald
gelbgrünlich bis chromgelb.
Ihm entströmt ein zarter Geruch nach Anis oder Vogelsand.
Die Aniskomponente verliert
sich beim Zubereiten. Da es

Empfohlene Rezepte
S. 76 (Suppe)
S. 78 (Risotto)

sich um einen Wildpilz handelt, ist Rohgenuß (wie beim Zucht-Champignon ohne weiteres möglich) nicht zu empfehlen. Da die Champignons kaum als aromastark bezeichnet werden können, sollte auf Trocknen verzichtet werden.

Der kleinere, neutral riechende **Wiesen-Champignon** (S. 28) wird oft mit dem Schaf-Champignon verwechselt. Schlankere, nach Anis riechende, eßbare Verwandte sind **Dünnfleischiger-** und **Schiefknolliger Anis-Champignon**. Sie wachsen an Waldstandorten.

Ein giftiger Doppelgänger ist der nach Karbol oder Tinte riechende **Karbol-Champignon** (S. 29). Sein Genuß kann Verdauungsstörungen hervorrufen.

Wiesen-Champignon
Feld-Egerling
Agaricus campestris

Hut weiß, 3–8 cm breit; Lamellen
jung kräftig rosa; Stiel zuspitzend,
mit schwach ausgebildetem Ring;
Fleisch im Schnitt rosa anlaufend;
Geruch angenehm pilzartig.

Der Wiesen-Champignon ist
in seiner Gattung sicher die
populärste Wildart. Ältere Pilzfreunde berichten gern von
Massenvorkommen vielzähliger
Hexenringe auf gemähten
herbstlichen Wiesen. Besonders auf natürlich gedüngten
Schaf- oder Pferdeweiden kann

Empfohlene Rezepte
S. 76 (Suppe)
S. 78 (Risotto)

eine Sammelexkursion zwischen Mai und Oktober auch heute noch von Erfolg gekrönt sein. Kunstdünger scheint der Pilz weniger zu mögen, eine mögliche Ursache seines Rückgangs. Der Sammler vergleiche die typischen Merkmale wie schmächtiger, zuspitzender Stiel, vergänglicher Ring, leichtes Rosaanlaufen des geschnittenen Fleisches sowie neutraler Geruch. Junge Lamellen »blühen« schön rosa auf, um bald danach in den typischen Braunton der Champignons überzugehen.

zusätzlich die charakteristisch chromgelbe Verfärbung des Fleisches sichtbar gemacht. Karbol-Champignons können zeitgleich an ähnlichen Standorten wie Schaf- oder Wiesen-Champignon wachsen.
Beim Verzehr zeigen sich bald nach der Mahlzeit mehr oder weniger heftige Beschwerden wie Übelkeit, Erbrechen und Durchfall, die am nächsten Tag abklingen. Alkoholgenuß scheint die Wirkung zu verstärken. Doch habe ich auch gehört, daß manche den Karbol-Champignon vertragen!

Giftiger Doppelgänger
giftig

Vorsicht ist bei einer Verwechslung mit dem **Karbol-Champignon** *(Agaricus xanthoderma)* geboten. Sein weißer bis erdgrauer Hut erreicht eine Breite von 4–12 cm. Typisch ist der oft schwache Geruch nach Desinfektionsmittel oder Tinte. Zur Verstärkung ist Reiben oder Schaben des Fleisches, besonders aber der Stielbasis zu empfehlen. Dadurch wird

Der Genuß der Karbol-Champignons kann Verdauungsstörungen hervorrufen.

29

Grüner Knollenblätterpilz

Amanita phalloides

Hut grünlich, selten weiß, 4–15 cm breit; Lamellen bleibend weiß, frei; Stiel mit Ring und bescheideter Knolle; Geruch süßlich, aufdringlich.

Jeder sollte unseren gefährlichsten Giftpilz genau kennen, bevor er selbstgesammelte Pilze verzehrt. Als Lebenspartner von Eiche oder Rotbuche begegnet man dem Grünen Knollenblätterpilz vorzugsweise unter diesen Bäumen. Schon ab Juli kann er auftreten, gelegentlich sogar massenhaft. Bei feuchtwarmer Witterung sind die Hüte oft sehr hell gefärbt und deshalb mit Champignons leicht zu verwechseln. Der Jungpilz ist ohnehin von einer weißen Hüllhaut vollständig umgeben, die beim Strecken des Stieles aufreißt. Reste davon sind selten auf dem Hut, stets aber am Rande der Stielknolle erkennbar (Scheide). Die an der Hutunterseite befindlichen, bleibend weißen Lamellen sind mit dem Stiel nicht verwachsen (freie Lamellen). Anfangs bedeckt sie eine weiße Hüllhaut, die als Stielring zurückbleibt. Die blaß-grünliche Stieloberfläche weist ein typisches Natternmuster auf. Das appetitlich anmutende weiße Fleisch riecht zuerst wenig auffällig, dann aber zunehmend aufdringlich süßlich. Den Schnecken schadet der Verzehr des Giftpilzes nicht, daher sind Fraßstellen nicht selten.

Erste Anzeichen einer Vergiftung kündigen sich ca. 4–16 Stunden nach dem Verzehr durch Übelkeit und Erbrechen an. Dann folgen nicht endenwollende reiswasserähnliche Durchfälle, Krämpfe und Koliken. Schließlich wird die Leber zerstört. Der Patient ist dann nur noch durch eine Organtransplantation und Blutaustausch zu retten. Für etwa 30% aller Fälle kommt dennoch alle Hilfe zu spät. Die Menge eines einzigen Fruchtkörpers kann für den Tod eines Menschen genügen! Die Giftstoffe (Amanitine, Phalloidine) sind sehr widerstandsfähig gegen Kochen und Trocknen. Das Gefährliche einer solchen Vergiftung ist ihre Späterkennung. Putz- oder Essenreste, wenn nötig Erbrochenes, sollten bei Verdacht schnell einem Kenner zur Bestimmung vorgelegt werden. Hier können wenige Stunden lebensentscheidend sein. Wenn in der heutigen aufgeklärten Zeit noch regelmäßig Knollenblätterpilzvergiftungen vorkommen, so ist das auf bodenlosen Leichtsinn zurückzuführen. Ein Blick in ein modernes Pilzbuch dürfte zur Vorbeugung genügen!

Kegelhütiger Knollenblätterpilz

Amanita virosa

Hut rein weiß, kegelig-glockig, feucht
etwas klebrig, 5–10 cm breit;
Lamellen bleibend weiß, frei; Stiel
beringt, wollig, Basis (Knolle) mit eng
anliegender Scheide; Rettichgeruch.

In Europa ist der in allen Teilen weiß gefärbte, ansehnliche Pilz glücklicherweise relativ selten, wenn auch von Spätsommer bis Herbst fast überall verbreitet. Ich fand ihn z. B. unter Kiefern auf der dänischen Insel Bornholm, im Salzkammergut (Österreich) unter jüngeren Rotbuchen, unter Fichten in Tirol sowie im Südschwarzwald und Bayerischen Wald. Wer ihn findet, trifft ihn kaum in größeren Stückzahlen an. Der eiförmige Jungpilz ist von einer weißen Hüllhaut völlig umschlossen. Bei der Streckung des Stieles wird diese vom kegelförmigen Hut durchbrochen. Reste der Gesamthülle bleiben als eng anliegende, häutige Scheide an der Stielknolle zurück, nicht aber auf der Huthaut. Erst beim nahezu erwachsenen Fruchtkörper schirmt der Hut etwas auf, wird aber selten ganz flach. Bei feuchter Witterung fühlt sich die Huthaut klebrig an. Der typisch wollige, mindestens aber faserschuppige, schlanke Stiel trägt einen sehr hoch sitzenden Ring, der lange unter dem Hut verborgen bleibt. Junge Pilze riechen rettichartig. Eine aufdringlich süßliche Komponente, wie wir sie vom Grünen Knollenblätterpilz kennen, kommt erst später hinzu. Hutfleisch, Stiel oder Lamellen werden oft von Schnecken angefressen, denen der Pilz anscheinend besonders gut mundet.

Für den Menschen wäre der Genuß eines einzigen Fruchtkörpers ohne Hilfe bereits tödlich. Die Giftstoffe und qualvollen Vergiftungssymptome gleichen denen des Grünen Knollenblätterpilzes (S. 30).

Viele eßbare Champignons sind ebenfalls weißhütig, doch

färben sich ihre Lamellen bald rosa bis braun. Auch fehlt ihnen eine bescheidete Knolle. Wer sich beim Sammeln weißer Boviste nicht sicher ist, sollte diese längs durchschneiden. Beim Knollenblätterpilz sind dann immer die Lamellenanlagen zu sehen!

Perlpilz

Rötender Wulstling

Amanita rubescens

Hut fleischbräunlich, mit ablösbaren Velumflocken, 5–15 cm breit; Lamellen weißlich, frei; Stiel mit längsriefigem Ring und unbescheideter Knolle; Fleisch rötend.

Die Gattung *Amanita* enthält neben giftigen auch kulinarisch wertvolle Arten. Den schmackhaften Perlpilz zu kennen, lohnt schon wegen seiner Häufigkeit. Im Flachland können ab Ende Juni die ersten Exemplare unter Laub- und Nadelbäumen auftreten. Auf dem gelb-, fleisch- oder rotbräunlichen Hut sitzen gewöhnlich schmutzig-weißliche bis graurosa gefärbte Hautfetzen, sofern diese nicht vom Regen abgewaschen wurden. Auf einen stets ungerieften Hutrand sollte geachtet werden. Die weißen, engstehenden Lamellen der Hutunterseite bekommen bald rötliche Flecken, genau wie der blasse, mit einem breiten, oberseits gerieften Ring versehene Stiel.

Die oft knollig erweiterte Basis geht absatzlos in den Stielschaft über. Am Übergang dürfen weder ein scharfrandiger Absatz noch Hautreste vorhanden sein, allenfalls wenig auffallende Reihen kleiner Warzenkränze. Ein sicheres Merkmal ist das Röten des anfangs weißen Fleisches. In den fast immer vorhandenen Madengängen der Stielbasis ist dies besonders gut zu sehen. Für Speisezwecke sammle man ausnahmslos junge Exemplare, deren Hüte noch nicht voll aufgeschirmt sind. Ihr zartes, geruchsneutrales Fleisch entwickelt einen ausgezeichneten Geschmack. Zu alte Fruchtkörper können, obwohl noch passabel aussehend, verdorben sein und Verdauungsstörungen hervorrufen. Auf gutes Durchbraten ist in jedem Fall zu

Empfohlene Rezepte

S. 72 (gebraten)

S. 76 (Suppe)

S. 86 (gebraten)

achten. Perlpilze sind auch als Mischpilze gut geeignet. Ein Haltbarmachen durch Einfrieren der zuvor blanchierten rohen Pilze ist ebenfalls möglich.

Nur wer den Perlpilz sicher erkennt, darf ihn verwerten. Der ähnliche **Graue Wulstling** ist geschmacklich weniger gut. Gefährlich wäre eine Verwechslung mit dem giftigen **Pantherpilz** (S. 37), dessen fein verteilte Hutschüppchen rein weiß sind. Seine oft tief im Boden versteckte Stielknolle ist durch einen rundumlaufenden Ringwulst abgesetzt.

Fliegenpilz
Amanita muscaria

giftig

Hut gewöhnlich rot, mit weißen
Velumflöckchen, 5–15 cm breit;
Unterseite mit weißen, freien
Lamellen; Stiel weiß, beringt, Knolle
mit Warzenkränzen.

Als Baumpartner ist der Flie-
genpilz ein äußerst nützlicher
Bewohner unserer Wälder.
Anfang September führt uns
sein Auftreten eindrucksvoll
den Herbstbeginn vor Augen.

Wir finden ihn häufig unter
Birken, doch auch im reinen
Nadelwald bei Fichten oder
Kiefern. Die roten, selten nur
orange- oder gelbgefärbten
Hüte fallen im Wald besonders
auf. Wenn die weißen Flöckchen durch kräftigen Regen
abgewaschen wurden, ist
ein Erkennen nicht mehr so
einfach. Ganz junge, knollige
Fruchtkörper sind von ihrer
flockig-weißen Umhüllung
vollständig umgeben.
Fliegenpilze enthalten Nerven-
gifte (Ibotensäure). Ihr Genuß

kann nach ¼ – 4 Stunden Bauchschmerzen, Schweißausbrüche, Atemnot, Schwindel, Muskelkrämpfe, Lähmungen und Sehstörungen, doch auch Tobsuchtsanfälle und schließlich Rauschzustände hervorrufen. Vergiftete erholen sich unter ärztlicher Aufsicht gewöhnlich am nächsten Tag ohne bleibende Schäden.

Ähnliche Art

Der verwandte, sehr giftige **Pantherpilz** *(Amanita pantherina)* ist durch bräunlichen, am Rande gerieften, weißflockigen Hut, eine mit umlaufendem Ringwulst (»Bergsteigersöckchen«) versehene Stielknolle und Rettichgeruch gekennzeichnet. Pantherpilze treten vor allem in Gebieten mit Sandböden häufiger auf. Von Juli bis Oktober erscheinen sie in Laub- und Nadelwäldern. Der Nichtkenner könnte sie für eßbare **Graue Wulstlinge** oder **Perlpilze** (S. 34) halten. Die Giftstoffe gleichen denen des Fliegenpilzes, sind aber in stärkerer Konzentration enthalten. Daher verlaufen Vergiftungen ungleich schwerer und enden des öfteren tödlich.

Pantherpilze sind sehr giftig. Sie enthalten ähnliche Giftstoffe wie Fliegenpilze, aber in höherer Konzentration.

Großer Riesen-schirmling

Parasolpilz
Macrolepiota procera

Hut beigebräunlich, konzentrisch geschuppt, 10–30 cm breit; unterseits mit weißen, deutlich freien Lamellen; Stiel steif, genattert, mit verschiebbarem Ring.

An lichtdurchfluteten Waldstellen und Wegrändern ist der Große Riesenschirmling eine der imposantesten pilzlichen Erscheinungen des Herbstes. Junge Exemplare erinnern wegen ihrer kugelig geschlossenen, lang gestielten Hüte an Paukenschlägel. Oft findet man in der Nähe auch reifere Stadien, deren Hüte allmählich aufschirmen und den Blick auf die hellen, deutlich freien (nicht am Stiel angewachsenen) Lamellen und den watteartig dicken, doppeltrandigen Stielring freigeben. Ihre Oberfläche hat sich zum Rande hin in konzentrische Schuppen und Schollen aufgelöst, während der glattbleibende Schei-

tel brustwarzenartig vorsteht. Zuletzt sind die Hüte tellerflach. In diesem Stadium läßt sich der Ring am röhrigen, genatterten Stiel auf und ab bewegen, ein typisches Merkmal der Riesenschirmlinge. Der nußartige Geruch ihres weißlichen, nicht verfärbenden Fleisches gibt uns einen Vorgeschmack auf spätere Gaumenfreuden. Man verwende am besten nur den Hut, der sich leicht vom Stiel abtrennen läßt. Wie ein Schnitzel sollte er paniert und gebraten werden. Manche mögen den Pilz auch unpaniert, direkt in Fett oder Öl gegart. Die faserigen, zähfleischigen Stiele sind allenfalls getrocknet und zermahlen als Pilzpulver verwertbar.

Ein eßbarer, wenn auch weniger schmackhafter Doppelgän-

Empfohlene Rezepte
S. 80 (gebacken)
S. 86 (gebraten)

ger ist der im Fleisch rötende **Safran-Riesenschirmling**. Er zeichnet sich durch mehr wollige Hutschuppen und eine glatte Stieloberfläche aus. Der verwandte, üppige **Garten-Riesenschirmling** soll schon Verdauungsstörungen verursacht haben. Der ähnlich große **Rauhe Schirmling** ist wegen seines unangenehm stechenden Geruchs ungenießbar. Seine feinen Hutschüppchen sind meist zugespitzt und der breite Stielring ist nicht verschiebbar. Äußerste Vorsicht ist bei kleinen, kaum 5 cm Hutbreite erreichenden Schirmlingen geboten. Sie können tödlich giftig sein!

Gemeiner Hallimasch

Armillaria ostoyae

Hut fleischbräunlich, feinflockig, 3–10 cm breit; Unterseite mit blassen, am Stiel angewachsenen Lamellen; Stiel beringt; büscheliger Holzbewohner.

Als einer der häufigsten und gefährlichsten Parasiten an Laub- wie Nadelbäumen ist der Hallimasch, in dicken Büscheln an Stämmen und Stümpfen wachsend, kaum zu übersehen. Von Pilzliebhabern ist die von September bis November wachsende Art außerdem leicht zu erkennen. Ein winziges Hutstückchen, gründlich gekaut und wieder ausgespuckt, hinterläßt im Rachen bald das unverwechselbare, nur dem Hallimasch eigene, seifige Kratzen! Die aufgerichteten Hutschüppchen lassen sich leicht abreiben oder abwaschen. Man achte auch auf die dicklichen, blassen, bald etwas nachdunkelnden Lamellen. Der dem Hut etwa gleichfarbige, beringte Stiel weist im unteren Teil oft typisch gelbliche Töne auf. Das weißliche Pilzfleisch hat keinen auffallenden Geruch. Nach Auftreten der ersten Nachtfröste werden die Fruchtkörper unansehnlich und sollten nicht mehr verwendet werden. Kenner nehmen nur junge Hüte, da die Stiele zäh sind. Vor der eigentlichen Zubereitung werden die Pilze kurz abgekocht, um vorhandene Giftstoffe im Kochwasser zu lösen. Dieses ist unbedingt wegzuschütten! Die Verträglichkeit des Hallimasch ist

individuell sehr verschieden. Unempfindliche braten ihn sogar ohne vorheriges Abkochen. Bei wiederholtem Genuß sind gelegentlich allergische Reaktionen bekannt geworden. Dennoch ist der Hallimasch für die meisten ein ausgezeichneter, ergiebiger, wohlschmeckender Speisepilz. Für die Haltbarmachung empfiehlt sich besonders Blanchieren und Einfrieren.

Bei trockener Witterung sind tiefer stehende Hüte des Hallimasch vom Sporenpulver der oberen weißlich bestäubt.

Empfohlene Rezepte
S. 82 (Ragout)
S. 84 (auf gebratenen Äpfeln)

Ähnlich aussehende, ebenfalls eßbare Arten wie **Sparriger Schüppling**, **Stockschwämmchen** oder **Graublättriger Schwefelkopf** besitzen braune Sporen. Verwechselbare bitter schmeckende, schwach giftige Arten sind z. B. **Grünblättriger** und **Ziegelroter Schwefelkopf**.

Austern-Seitling
Austernpilz
Pleurotus ostreatus

Hut dunkel, 5–20 cm breit; unterseits mit blassen Lamellen; Stiel meist seitlich sitzend, kurz; späte Erscheinungszeit; büscheliger Holzbewohner.

Wenn wegen fortgeschrittener Jahreszeit kaum noch jemand an Pilzesammeln denkt, dann ist es an der Zeit, den Austern-Seitling zu suchen. Von Ende Oktober bis witterungsbedingt tief in den Winter hinein ist mit dem Auftreten der in Büscheln aneinandergeschmiegten Hüte zu rechnen. Sie erscheinen vorwiegend an stehenden oder liegenden Stämmen diverser Laubhölzer. In seiner Eigenschaft als Parasit tötet der Pilz den Baum ab, um sich von seinem Holz zu ernähren. Gewöhnlich sind die blaugrauen oder grauen bis graubräunlichen Hüte durch einen wenig auffallenden, seitlich sitzenden, etwas borstigen Stiel mit dem Substrat verbunden.

Die gedrängte Anordnung eines Hutbüschels erinnert an Austernbänke (Name). Seit vielen Jahren wird der Austern-Seitling auch kultiviert und im Handel verkauft. Für Gartenbesitzer bieten Pflanzen-Center und Gärtnereien vorgefertigte Pilzbrut zum Selberzüchten an. Geschmacklich zählen die jungen Hüte des Austern-Seitlings zu den Delikatessen. Der zähfleischige Stiel wird gewöhnlich weggeschnitten. Die widerstandsfähigen Fruchtkörper schimmeln oder faulen kaum und lassen sich im Kühl-

Empfohlene Rezepte
S. 72 (gebraten)

schrank länger aufbewahren, als andere Pilzarten. Wegen ihrer Unempfindlichkeit gegen Frost sind sie zum Einfrieren bestens geeignet. Verwechslungen mit Giftpilzen sind kaum zu befürchten. Zur selben Zeit erscheint der weniger wohlschmeckende, etwas kleinere **Gelbstielige Muschelseitling**, dessen oliv gefärbter Hut unter der Oberhaut eine dünne Gallertschicht besitzt. Der namengebende gelbliche Stiel ist typisch. Für Speisezwecke weniger geeignete Arten wie **Rillstieliger Seitling** oder **Berindeter Seitling** sind in ihrem Wachstum nicht auf die Wintermonate beschränkt. Ungenießbar ist der ab Juli auf Birken- oder Buchenstümpfen wachsende **Laubholz-Knäueling**.

Violetter Rötelritterling

Violetter Ritterling
Nackter Ritterling
Lepista nuda

Hut kahl und glatt, violett bis
lilabraun, 3–10 cm breit;
Lamellen violett, am Stiel
ausgebuchtet-angewachsen;
Stiel zylindrisch, hellviolett;
Geruch angenehm würzig.

Im Gegensatz zu den echten Ritterlingen, die in einer Symbiose mit Bäumen leben, sind Rötelritterlinge Humuszehrer (Saprophyten). Man begegnet ihnen daher auch außerhalb des Waldes, an komposthaltigen Standorten in Gärten und Parkanlagen. Die Pilze können im Flachland bereits im Frühjahr erscheinen, um nach einer sommerlichen Ruhepause im Spätherbst immer häufiger zu werden. Sie wachsen in geselligen Gruppen und Hexenringen. Je nach Feuchtigkeitszustand können die kahlen, glatten, doch nicht schmierigen Hüte heller oder dunkler gefärbt sein. Fachsprachlich heißt das »hygrophan«. Sie variieren von durchwässertem Lila über Violett bis hin zu fleischbraunen Tönen. Hingegen ist der Violettanteil der gedrängt stehenden Lamellen ziemlich konstant. Die schwach verdickte Basis der blasseren Stiele ballt mit ihrem violettlichen Myzel oft etwas Substrat zusammen. Und violett ist auch das im Längsschnitt sichtbar werdende Fleisch. Den geriebenen Lamellen entströmt ein typischer, angenehm würziger Geruch, welcher den Violetten Rötelritterling von ähnlichen Arten unterscheidet.

In der Küche ist die ergiebige Art durch Braten, Dünsten oder Schmoren vielseitig verwendbar. Ungenügendes Durchgaren kann aber zu Verdauungs-

Empfohlene Rezepte
S. 72 (gebraten)
S. 82 (Ragout)
S. 84 (auf gebratenen Äpfeln)
S. 86 (gebraten)

beschwerden führen. Man
beachte auch die propagierte
blutdrucksenkende Wirkung.
Da die Fruchtkörper frost-
unempfindlich sind, ist als
Konservierungsmethode Einfrieren zu empfehlen.
Die Gefahr der Verwechslung
mit gefährlichen Giftpilzen ist
kaum gegeben. Klassischer,
schwach giftiger Doppelgänger
ist der im Gebirgsnadelwald
wachsende **Lila Dickfuß**.
Schleierreste an Hutrand und

Stiel, widerlicher Geruch nach
Acetylengas und safranfarbe-
nes Fleisch machen ihn leicht
kenntlich. Der geruchlose **Lila-
stiel-Rötelritterling** besitzt nur
am Stiel Violettöne. Dieser ergiebige Speisepilz erscheint ab
Oktober auf Wiesen und Weiden. Der eßbare, schmächtige-
re **Lilafarbene Rötelritterling**
ist oft besonders ähnlich. Er ist
in allen Teilen blaß bis kräftig
fliederfarben. Ihm fehlt aber
ein typischer, würziger Geruch.

eßbar nach Abkochen

Nebelgrauer Trichterling

Nebelgrauer Röteltrichterling, Graukappe
Lepista nebularis

Hut fleischig, jung gebuckelt, grau, bereift, 5–15 cm breit; Lamellen weißlich, gedrängt, am Stiel herablaufend; Stiel blaß, kräftig, längsfaserig; Geruch aufdringlich süßlich.

Als Humuszersetzer gehört der Nebelgraue Trichterling zu den typischen Vertretern einer spätherbstlichen Pilzgesellschaft. Ab Mitte September ist er bei geeigneter Witterung in jedem Laub- und Nadelwald zu finden. Erst massive Nachtfröste gebieten seinem Wachstumsdrang Einhalt. Die Hüte sind anfangs in der Mitte gebuckelt und verflachen sehr spät. Die mehr oder weniger graufarbene, trockene Huthaut kann stellenweise unter aufliegenden Blättern oder Nadeln reifartig überzogen sein, als wäre sie verschimmelt. Unter dem Hut erstrecken sich weiße bis cremefarbene, ziemlich engstehende Lamellen, die meist etwas am Stiel herablaufen. Dieser ist zylindrisch bis dickkeulig. Ein untrügliches Erkennungsmerkmal stellt im Zweifel der aufdringlich süßliche Geruch des weißen Fleisches dar. Dieser mag auch der Grund sein, weshalb viele Sammler den Pilz nicht mögen. Hin und wieder höre ich aber zu meinem Erstaunen von Pilzfreunden , »wie angenehm« doch der Pilz rieche. Solchen Personen sei diese Art nach entsprechender Vorbehand-

Empfohlene Rezepte
S. 82 (Ragout)
S. 84 (auf gebratenen Äpfeln)

lung zur Speise empfohlen, am besten als Mischpilz. Obwohl es auch Menschen gibt, welche die »Nebelkappe« uneingeschränkt vertragen, rate ich dringend zum Abkochen, bevor die eigentliche Zubereitung durch Braten oder Schmoren erfolgt. Das Kochwasser, in dem sich die unbekömmlichen Inhaltsstoffe sammeln, wird weggegossen.

Sammler in Süddeutschland, Thüringen, Frankreich oder der Schweiz könnten einer Verwechslung mit dem **Riesen-Rötling** zum Opfer fallen. Mehlgeruch und weitstehende, gelbliche, dann lachsrötliche Lamellen zeichnen den Giftpilz aus. Sein Verzehr bewirkt schwere Verdauungsstörungen, Übelkeit und Erbrechen.

jung eßbar

Schopf-Tintling
Eier-Tintling, Spargelpilz
Coprinus comatus

Hut weißlich, haarig-schuppig, meist
walzenförmig, 10–15 cm hoch, bei
Reife tintenartig zerfließend; Lamellen sehr engstehend; Stiel schmal
beringt; auf gedüngten Wiesen.

Die durch zahlreiche Arten
vertretene Gattung der Tintlinge
erhielt ihren Namen von der
Eigenschaft, beim Reifen zu
einem tintenartigen Brei zu
zerfließen. Der von Mai bis
November wachsende Schopf-
Tintling gehört zu den größten
dieser Gruppe. Als Kulturfolger
des Menschen wächst er auf
künstlich angelegten, dünger-
haltigen Rasenflächen, Feldern
und Wiesen. Manchmal ist vom
Hut bereits nach wenigen
Stunden nichts als abgetropfte
»Tinte« übrig, und nur der kahle
Stiel ragt als Rest eines anfangs
hübsch anzusehenden Fruchtkörpers aus dem Erdboden. Bei
Massenvorkommen können
alle Stadien auf einmal beob-
achtet werden. Die weißen
Hüte umschließen zuerst ganz
eng den tragenden Stiel und
haben meist Walzen- oder
Säulenform. Ihre bis auf den
kahlen Scheitel zottig-schup-
pige Oberfläche erinnert an
einen Haarschopf (Name). Erst
färben sich die Ränder rötlich
und mit fortschreitender Rei-
fung alsbald schwärzlich. Dann
beginnt bei glockig öffnendem
Hut sich die Kante nach außen
umzurollen und dabei aufzulö-
sen. Der weiße Stiel trägt einen
losen, oft abfallenden Ring. Die
schwach verdickte, wurzelartige
Basis verlängert sich gewöhnlich mehrere Zentimeter nach
unten in den lockeren Erdboden (wurzelnder Stiel). Für die
Küche nehme man nur junge,
ganz weiße Exemplare, da sonst
beim Erhitzen in der Pfanne ein
unappetitlich schwärzlicher
(wenn auch ungiftiger) Brei

Empfohlene Rezepte
S. 72 (gebraten)
S. 80 (gebacken)

entsteht. Beim Braten in Fett oder Olivenöl entwickelt der relativ geruchlose Pilz ein überraschend angenehmes Aroma. Er eignet sich auch zum Panieren und wird dazu unter Mitverwendung des hohlen Stieles zuvor längs halbiert. Will man ihn Einfrieren, so sollte dies im Rohzustand geschehen.

Ein an ähnlichen Standorten wachsender Doppelgänger ist der **Graue Tintling** (S. 50), der in Verbindung mit Alkohol unbekömmlich ist. Der ungenießbare, seltene **Specht-Tintling** ist dunkelhütig, anfangs jedoch von einem weißlichen, später aufreißenden Pelzbelag überzogen.

Grauer Tintling

Falten-Tintling
Knoten-Tintling
Coprinus atramentarius

Hut aschgrau oder graubräunlich,
meist kahl, oft längsfaltig, 4–8 cm
breit; Lamellen hellgrau, reif schwarz
und zerfließend; Stiel unberingt,
unten knotenförmig verdickt.

Der Graue Tintling hat eine
Vorliebe für fetten, gedüngten
Boden und erscheint von Mai
bis Oktober an ähnlichen
Standorten wie der Schopf-
Tintling (S. 48). In Gärten und
Parkanlagen ist er regelmäßig
anzutreffen, doch auch in
Wäldern. Häufig haben seine
Stiele eine unterirdische Verbindung zu morschem Holz. Nicht
selten sieht man daher ganze
Gruppen oder Büschel in
unmittelbarer Nähe eines stark
vermorschten Baumstumpfes
hervorsprießen. Junge Hüte
sind zunächst spindelförmig,
um bald in eine parabolische
oder glockige Form überzugehen. Eine runzelige Längsfal-
tung der meist kahlen Oberfläche ist häufig zu beobachten.
Unterhalb des dünnen Hutflei-
sches befinden sich breite, sehr
engstehende Lamellen, die
beim Erreichen eines gewissen
Reifezustandes mitsamt dem
Hut zu einem schwärzlichen
Sporenbrei zerfließen. Der
blasse, hohle Stiel ist im unteren Viertel schwach knotenartig
verdickt, während die Basis oft
in einer kurzen wurzelartigen
Verlängerung im Erdboden
verschwindet.
Die Geschmacksqualität kann
mit der des Schopf-Tintlings
nicht mithalten. Wer Graue
Tintlinge unbedingt verspeisen
möchte, sollte zur Sicherheit
drei Tage vor und nach der
Mahlzeit keinen Alkohol zu sich
nehmen. Andernfalls können
sich Vergiftungserscheinungen
einstellen. Gesichtsrötung,
Schwindelgefühl, in schweren
Fällen auch Sehstörungen,
Atemnot oder gar Kollaps
können die Folge sein. Die an
die bekannte Antabuswirkung
erinnernden Symptome klingen
bald ab, um nach erneutem
Alkoholkonsum wieder aufzufri-
schen. Verursacher ist der pilz-

liche Inhaltsstoff Coprin, der den ordnungsgemäßen Abbau des im Körper befindlichen Alkohols behindert. Besondere Wirkung zeigt laut Literaturangaben ein oder zwei Tage nach der Pilzmahlzeit eingenommener Alkohol, während der direkt zum Pilzessen konsumierte das Befinden kaum beeinflußt. Von Selbstversuchen rate ich aber dringend ab.

Ziegelroter Rißpilz

Mai-Rißpilz
Inocybe erubescens

Hut radialrissig, 3–8 cm breit;
Lamellen reif schmutzig-bräunlich,
am Stiel angewachsen; Pilz blaß,
dann überall langsam rötend;
Geruch reif unangenehm;
frühe Erscheinungszeit.

Relativ früh im Jahr, etwa gegen Ende der Morchelzeit (Mai) bis tief in den Juni hinein, können wir dem Ziegelroten Rißpilz an lichten Stellen des Laubwaldes und auf Wiesen in Parks und Gärten begegnen. Junge Fruchtkörper, welche ihre kegelförmigen Hüte gerade aus dem Erdreich hervorgezwängt haben, sind noch weißlich. Später färben sie sich blaß strohbräunlich, um dann, je nach Witterung früher oder später, ziegelrötlich anzulaufen. Je trockener das Wetter, desto kräftiger die Verfärbung. Beim Aufschirmen reißen die radialgefaserten Hüte unregelmäßig ein. Diese Eigenschaft

gab der Gattung »Rißpilze« den Namen. Die reifen Lamellen der Hutunterseite sind schmutzig-bräunlich gefärbt, eine Folge der dort erzeugten braunen Sporen. Zuerst riecht der Ziegelrote Rißpilz beinahe angenehm obstartig und hat schon manch leichtsinnigen Pilzfreund zum Verzehr verlockt. Bald aber wird der Geruch zunehmend unangenehmer. Wir nennen ihn »spermatisch«. Die meisten der zahlreichen kleinen bis großen Rißpilz-

Arten riechen so und sind für Geübte daher schon mit der Nase als solche erkennbar. Viele der weit über hundert Arten zählenden Gattung sind sich so ähnlich, daß sie ohne Erfahrung kaum unterschieden werden können.

Der Ziegelrote Rißpilz enthält größere Mengen des Nervengiftes Muscarin. Bald nach der Mahlzeit macht sich die Vergiftung in Form von Schweißausbrüchen, Sehstörungen (Pupillenverengung), Bauchschmerzen, Übelkeit und Erbrechen bemerkbar. Etwa 8% aller bekanntgewordenen Vergiftungsfälle endeten tödlich. Da es Vertreter der Gattung Rißpilze sehr häufig und nahezu ganzjährig gibt, sollten Pilzsammler ihre allgemeinen Merkmale genau kennen: spermatischer Geruch; meist radial einreißender, faseriger Hut, dessen Rand manchmal mit Schleierresten behaftet ist; schmutzig-bräunliche Lamellen; ringloser, faseriger Stiel.

Echter Reizker
Edel-Reizker
Kiefern-Blut-Reizker
Lactarius deliciosus

Hut fleischgrau bis orange, dunkler konzentrisch gezont, 4–10 cm breit; Lamellen orangegelblich; Stiel grubig gefleckt; Fleisch brüchig, verletzt rot milchend; unter Kiefern.

Die Milchlinge oder Reizker sind als Gruppe leicht daran zu erkennen, daß ihre Fruchtkörper selbst an kleinsten Verletzungen Milchtropfen ausscheiden. Je nach Art kann der austretende Milchsaft unterschiedlich gefärbt sein, oder sich an der Luft auffällig verfärben. Der Echte Reizker gehört zu einer Untergruppe mit roter Milch. Ab August erscheint der in seiner Gattung beliebteste Speisepilz unter Kiefern, vornehmlich auf kalkhaltigen Böden. Sein geschwungener, in der Mitte leicht vertiefter, trockener Hut ist typisch zoniert oder durch konzentrisch angeordnete, dunklere Fleckchen gezeichnet.

Verletzte Lamellen geben augenblicklich Tröpfchen ihres lebhaft karottenroten Saftes ab. Der kurze, zuspitzende Stiel besitzt grubige Flecken, die ähnlichen Arten fehlen. Eine kleine Kostprobe, bei Milchlingen generell gestattet, ist mild. Der auftretende bitterliche Nachgeschmack hat keinen Einfluß auf den Speisewert, da er beim Zubereiten vergeht. Beim Durchschneiden der Pilze bemerkt man eine gewisse Festigkeit des mürben Fleisches.
Echte Reizker sind paniert und ausgebacken eine Delikatesse. Eine gutschmeckende Alternative ist Braten oder Dünsten unter Zugabe von Sahnesoße. Kochen macht das Fleisch zäh. Die Haltbarmachung durch Trocknen wird für Reizker nicht

Empfohlene Rezepte
S. 80 (gebacken)
S. 86 (gebraten)

empfohlen, da sie kaum wieder aufweichen.

Selbst in Pilzbüchern wird der Echte Reizker immer wieder mit dem häufigen, weniger gut schmeckenden **Fichten-Reizker** verwechselt. Seine rote Milch färbt sich nach einer Viertelstunde dunkel weinrot und zuletzt grünlich. Auch der seltenere, unter Tannen wachsende, hellorange gefärbte **Lachs-Reizker** läßt die geschmackliche Güte des Echten Reizkers vermissen. In Südeuropa wächst unter Kiefern der ausgezeichnete **Blut-Reizker**. Er wird in Italien und Spanien gern gesammelt. Bei einigen Milchlingen, z. B. **Mohrenkopf** (mild) oder **Flügelsporiger Milchling** (scharf), färbt sich die ursprünglich weiße Milch an der Luft rötlich. Hier ist Vorsicht geboten, da einige Arten ohne Vorbehandlung ungenießbar sind.

Brätling
Milchbrätling
Lactarius volemus

Hut orangebräunlich, 5–15 cm breit;
Druckstellen bräunend; Milch üppig,
weiß; milder Geschmack;
Fischgeruch.

Auf lehm- oder kalkhaltigen
Böden ist der Brätling in guten
Pilzjahren relativ häufig. Er
bildet Fruchtkörper von Juli bis
Oktober unter Laub- und
Nadelbäumen, wenn auch im
letzten Jahrzehnt deutlich

zögerlicher als früher. Grund
genug, ihn als »gefährdete Art«
in die Rote Liste aufzunehmen.
Wo er häufig vorkommt, kann
er meiner Ansicht nach dennoch gesammelt werden. Bekanntlich wird eine Pilzart durch
maßvolles Absammeln nicht
dezimiert. An häufig auftreten-

Empfohlene Rezepte
S. 86 (gebraten)

den Blessuren von Hut und Lamellen erkennt man, daß der Pilz auch Schnecken und Nagern schmeckt. Von Maden wird er dagegen verschont. Beim Pflücken haftet den Händen bald ein leichter Fischgeruch an. Und die an Schnittstellen reichlich vorquellende, weiße Milch klebt etwas und macht beim Kosten die Zähne stumpf. Unverkennbar sind auch die leuchtenden, ins Gelborange tendierenden Farben an Hut und Stiel sowie bräunende Druckstellen. Als beste Zubereitung, bei der sich auch der Fischgeruch verliert, bietet sich namensgemäß Braten an. In dünne Scheiben geschnitten, in Olivenöl gut erhitzt und nur mit Pfeffer und Salz gewürzt, ist der Pilz eine (festfleischige) Gaumenfreude.

Giftiger Doppelgänger	leicht giftig

Ein leicht giftiger Doppelgänger ist der **Bruch-Reizker** oder **Maggipilz** *(Lactarius helvus)*. Er zeichnet sich besonders durch wasserklare Milch, milden Geschmack und typischen Geruch nach Liebstöckel (»Maggiwürze«) aus. Im Birkensumpf oder in feuchten, mit Torfmoosen bewachsenen Nadelwäldern begegnet man ihm häufig. Seine ledergelblichen bis grauocker gefärbten, flachen Hüte sind fast feinfilzig. Wer größere Mengen des Pilzes verzehrt, riskiert Darmstörungen. Eine Verwendung des getrockneten Pilzes als Würzpulver ist aber möglich.

Der Bruch-Reizker kann getrocknet und zerstoßen als Würzpulver verwendet werden.

Frauen-Täubling
Violettgrüner Täubling
Russula cyanoxantha

Hut grünlich-violett, 8–15 cm breit;
Lamellen weiß, elastisch; Fleisch
brüchig, geruchlos; Geschmack mild.

Die Täublinge fallen im Wald
durch leuchtend-bunte Hutfarben auf. Ihr Fleisch ist ebenso
brüchig wie das der verwand-
ten Milchlinge. Ihnen fehlt aber
jeglicher Milchsaft. Für beide
Gruppen gilt die einfache
Regel: Mild schmeckende

Arten können (zumindest in
Maßen) verwendet werden,
die Scharfen bleiben stehen.
Die Riesengattung der Täublinge beherbergt eine Reihe guter
Speisepilze. Einer von ihnen ist
der durch seine einfarbig grün-
lichen bis violetten oder bunt

Empfohlene Rezepte
S. 72 (gebraten)
S. 76 (Suppe)
S. 86 (gebraten)

gemischten Farbtöne auffallende Frauen-Täubling. Seine weißen Lamellen sind elastisch genug, einem kräftig darüber streichenden Finger zu widerstehen. Bei allen anderen Täublingsarten würden sie wegsplittern – ein gutes Merkmal! Wir finden den ergiebigen Speisepilz ab Juli in Laub- und Nadelwäldern, vorzugsweise auf kalkhaltigem Untergrund. Ähnlich können eine Reihe etwas kleinerer Täublinge aussehen. Einige davon sind mild, andere scharfschmeckend.

Ähnliche Art   ungenießbar

Die meist rothütigen, wegen ihrer Schärfe ungenießbaren **Spei-Täublinge** können Spaziergängern in fast jeder Waldgesellschaft entgegenleuchten. Der hier abgebildete **Kiefern-Spei-Täubling** *(Russula emetica var. silve-stris)* ist auf den Sandböden des Flachlandes besonders häufig. Wer beim Verkosten schon mehrmals hereingefallen ist, der halte sich an seinen Geruchssinn. Die Scharfen, wie immer sie auch gefärbt sein mögen, können in der Regel durch ihren feinen Obstgeruch enttarnt werden!

Spei-Täublinge enthalten scharfe Harze, die bei Rohgenuß in bestimmter Menge Übelkeit und Durchfall erzeugen können. Mehrmals gewässert, dann gekocht oder gebraten sind sie ungefährlich. Es bleibt allenfalls eine gewisse Restschärfe.

Ungenießbare Spei-Täublinge sind oft rot gefärbt (Kiefern-Spei-Täubling).

Pfifferling
Echter Pfifferling
Pfefferling
Cantharellus cibarius

Hut meist leuchtend dottergelb,
2–6 cm breit; Unterseite mit
lamellenähnlichen Leisten;
Stiel zuspitzend, vollfleischig;
Geruch mirabellenartig;
Geschmack schärflich.

Der Pfifferling ist der bekannteste Vertreter der Leistlinge und wohl populärster europäischer Speisepilz überhaupt. Aus früheren Zeiten des Massenauftretens ist uns die schwere Verdaulichkeit seines Fleisches überliefert. »Das ist keinen Pfifferling wert«, hieß es damals noch geringschätzend. Doch heute steht der Pilz wegen seines Rückgangs vielerorts auf der Roten Liste. Um so mehr schätzt man daher seinen einzigartigen, mit anderen Pilzarten kaum vergleichbaren Wohlgeschmack.
Pfifferlinge lieben den moosig-feuchten Nadelwald, sind aber auch im Laubwald zu Hause.

Schon ab Juni beginnt ihre Saison, wenn andere Speisepilze noch rar sind. In der richtigen Gegend, weitab von Ballungsgebieten, gelingen auch heute noch korbfüllende Aufsammlungen. Man achte auf die am Stiel herablaufenden, gelblichen, gegabelten Leisten, die durch Querrippchen verbunden sein können. Der

Empfohlene Rezepte

S. 76 (Suppe)
S. 88 (Tartar)
S. 90 (Lasagne)
S. 94 (Rührei)

angenehme, typische Geruch teilt sich beim Sammeln bald den Händen mit, und eine

winzige Kostprobe beseitigt durch ihren pfeffrigen Geschmack letzte Zweifel an der Richtigkeit der Bestimmung. Im Längsschnitt erkennen wir das volle, weißliche, ergiebige Pilzfleisch.

Wer genügend Pfifferlinge beisammen hat, mische sie wegen ihres besonderen Aromas nie mit anderen Arten. Wegen des festen Fleisches ist gründliches Kauen sehr zu empfehlen. Der Verbraucher sollte auf Trocknen verzichten, da der Pilz kaum wieder weich wird. Nach einer Konservierung durch Einfrieren kann ein bitterlicher Geschmack auftreten, weshalb auch davon abgeraten sei.

Gefährliche Doppelgänger sind nicht zu befürchten. Eine Verwechslung mit dem **Falschen Pfifferling** kann allenfalls beim Genuß großer Mengen zu Verdauungsstörungen führen. Er ist geruch- und geschmacklos, weichfleischiger und besitzt einen mattfilzigen Hut. Der häufige **Trompeten-Pfifferling** ist ein dünnfleischiger, hohlstieliger, eßbarer Verwandter.

Totentrompete
Herbsttrompete
Craterellus cornucopioides

Fruchtkörper 3–10 cm hoch, füll-
hornförmig, mit nach außen umge-
schlagenen, filzigen Rändern, innen
weitlumig hohl, dünnfleischig;
mit düsteren Farben; Geruch und
Geschmack würzig.

Die düsteren, unscheinbaren Pilze sind leicht zu übersehen. Hat sich aber der Blick erst einmal darauf eingestellt, so entdeckt man zur eigenen Überraschung bald immer mehr in Reihen oder Halbbögen stehende Grüppchen. Die Gesamtform gleicht einer kleinen Trompete oder einem schlanken Trichter. Ein echter Hut ist eigentlich nicht erkennbar. Wohl aber sind die krausen bis wellig gelappten oberen Ränder hutartig umgebogen und dem umliegenden Fallaub nahezu perfekt angepaßt. Die aschgraue Außenseite, an welcher der Pilz seine für die Verbreitung wichtigen Sporen bildet, ist glatt, allenfalls fein gerunzelt. Dennoch ist die Art mit den Leistlingen, also z. B. dem Pfifferling, eng verwandt. Der untere, verschmälerte Teil des Fruchtkörpers geht in einen kurzen, undeutlich abgesetzten Stiel über. Wer von oben in den Pilz hineinschaut erahnt, daß er rundum aus einer fast gleichmäßig dünnen Wandung besteht. Die Konsistenz des Fleisches ist etwas zäh-elastisch. Der verhalten-pilzige Geruch läßt kaum vermuten, welch ausgezeichneter Würzpilz hier unseren Speiseplan bereichert. Totentrompeten finden wir nicht selten von August bis Oktober in Laubwäldern, vornehmlich unter Eichen oder Rotbuchen. Sie gedeihen aber nur auf lehm- oder kalkhaltigen Böden, also dort, wo der

Empfohlene Rezepte
S. 76 (Suppe)
S. 92 (Selleriesuppe)

Grund nach anhaltendem
Regen glitschig wird.
Die Dünnwandigkeit des Fleisches macht Totentrompeten
zum Dörren besonders geeignet. Wer sie frisch verwendet,
wird enttäuscht sein, da sich
das Aroma erst im getrockneten Pilz voll entfaltet. Die zer-
kleinerten Trockenpilze verlei-
hen einer Suppe oder Soße

eine derart angenehme Würze,
daß schon mancher Kenner
seine Steinpilze gegen einen
Korb dieser kleinen »Füllhörner«
bereitwillig eintauschte.
Die Totentrompete hat keinen
giftigen Doppelgänger in Europa. Ähnlich ist der seltene,
hohlstielige **Graue Leistling,**
der kein besonderes Aroma
aufweist.

Flaschen-Stäubling

Flaschen-Bovist
Perl-Stäubling
Lycoperdon perlatum

Pilz 3–8 cm hoch, verkehrt-birnen-
förmig; außen dicklich bestachelt;
Fleisch jung weiß, bei Reife stäubend.

Wer hat nicht schon einmal,
versehentlich oder bewußt, auf
einen reifen Bovist getreten
und die dabei entstehende

Staubwolke mit Erstaunen zur
Kenntnis genommen? Der
Natur schadet man damit nicht,
denn auf diese Weise werden
Millionen von Pilzsporen ver-
breitet. Der Flaschen-Stäubling

Empfohlene Rezepte
S. 72 (gebraten)
S. 86 (gebraten)

gehört zu den häufigsten seiner Gruppe. Und Kenner wissen, daß der unreife Pilz, solange noch fest und innen weiß gefärbt, ausgezeichnet schmeckt. Die an der Außenseite befindlichen, kompakten Stacheln lassen sich mit dem Finger leicht abreiben und hinterlassen ein gepunktetes Netzmuster. Sobald sich das Innere gelblich bis oliv färbt oder der Pilz gar zu Stäuben beginnt, ist er für die Küche ungeeignet. Ab Juli können wir mit dem im Laub- und Nadelwald wachsenden Flaschen-Stäubling rechnen.

Sofern noch Platz im Korb ist, halte man die gesammelten Stäublinge separat, denn die abgehenden Stacheln »verschmutzen« das übrige Sammelgut. Längs halbiert und in Fett schnell gebraten sind sie überraschend aromatisch.

Giftig sind die **Kartoffelboviste**, die durch stechend-metallischen Geruch auffallen. Der **Dickscha-**

lige **Kartoffelbovist** *(Scleroderma citrinum)* ist ihr häufigster Vertreter. Kartoffelboviste unterscheiden sich schon durch höheres Gewicht und größere Festigkeit von eßbaren Gattungen. Selbst junge Pilze sind innen schon bald schiefergrau gefärbt. Der reife Pilz bekommt am Scheitel eine unregelmäßige, große Öffnung, durch welche er sein dunkles Sporenpulver entläßt. Der Verzehr führt bald nach der Mahlzeit zu Bauchschmerzen und Erbrechen. Nach reichlichem Genuß können sogar vorübergehende Ohnmachten auftreten.

Giftige Kartoffelboviste sind innen schon früh schiefergrau gefärbt.

Speise-Morchel
Morchella esculenta

Hut hühnerei- bis faustgroß, mit wabenartiger Oberfläche, meist hell beigefarben; Stiel weißlich; ganzer Pilz dünnwandig-hohl; Fleisch brüchig; aromatischer Geruch.

Der viel gesuchte Leckerbissen ist gar nicht so selten wie oft angenommen, wohl aber gut getarnt. Häufig ist das Auffinden purer Zufall. Morcheln wachsen nur im Frühling, etwa von April bis Mai. Sie bevorzugen humusarme, ungedüngte Böden, die wir in Auwäldern, an mit Eschen bestandenen Fluß- und Bachläufen oder an Seeufern finden. Auch mit Hecken oder Büschen bepflanzte Parkanlagen oder verwilderte Gärten und selbst Brandstellen sind beliebte Standorte. In ungünstigen Jahren suchen wir nach ihnen völlig vergeblich. Der begehrte Speisepilz ist gewöhnlich 5 – 10 cm groß. Gleichbleibend feuchtwarmes Frühlingsklima bringt gelegentlich auch

Riesenexemplare von 20 bis 40 cm Gesamthöhe hervor! Die rundlichen, länglichen oder seltener zugespitzten Hüte können sehr unterschiedlich gefärbt sein. Die Palette reicht von der hellbeige oder ockergelblichen Normalform über Graubeige bis hin zu Schwarzbraun. Bei dunklen Formen sind die äußeren Kanten der Hutwaben meist heller abgesetzt. Beim Sammeln fällt neben der Brüchigkeit des Fleisches auch das geringe Gewicht auf, bedingt durch den hohlen Aufbau des gesamten Pilzes. An zahlreichen Fraßstellen erkennt man, wie beliebt Morcheln auch bei Schnecken sind. Sie verkriechen sich gern im Innern der Fruchtkörper. Morcheln können durch Braten,

Empfohlene Rezepte
S. 76 (Suppe)
S. 94 (Rührei)

Dünsten oder Kochen, frisch wie getrocknet, verwendet werden. Längs halbierte Pilze eignen sich schon wegen ihrer Form gut zum Füllen mit Hackfleisch oder ähnlichem. Rohgenuß verursacht leichte Vergiftungen.

Die köstliche **Spitz-Morchel** unterscheidet sich durch ausgeprägte Längsrippung des häufig dunkleren, zugespitzten Hutes. Weniger gut ist die häufigere **Halbfreie-** oder **Käppchen-Morchel**, deren Hutkante mit dem Stiel nicht direkt verwachsen ist. Die rotbraun gefärbte **Frühjahrs-Lorchel** (S. 68) ist ein giftiger Doppelgänger, der meist einige Wochen früher im Kiefernwald erscheint.

Frühjahrs-Lorchel

Gyromitra esculenta

Hut rotbraun, von unregelmäßigem Umriß, Oberfläche gehirnartig gewunden, 3–10 cm breit; Stiel blaß, kurz; Fleisch brüchig; Geruch aromatisch; Frühjahrspilz im Kiefernwald.

Gegen Ende März ist das Auge noch nicht auf Pilzsuche eingestellt. Folglich wird die Frühjahrs-Lorchel häufig übersehen. Sandige Gegenden mit ausgedehnten Kiefernbeständen oder grasig-moosige Schonungen sind die bevorzugten Standorte. Die Erscheinungszeit liegt gewöhnlich einige Wochen vor der Morchelsaison. Doch habe ich auch Jahre erlebt, in denen sich das Auftreten der Lorcheln bis in den Mai verzögerte. Der Morchelsammler sollte deshalb die Merkmale des giftigen Doppelgängers gut kennen. Die rotbraunen, mit gehirnartigen Windungen versehenen Hüte werden von einem kurzen, mehr oder weniger grubigen, grauweißlich gefärbten Stiel getragen. Im Längsschnitt sind überall unregelmäßige Hohlräume sichtbar. Das Hutfleisch ist besonders brüchig, während der Stiel eher zäh-elastisch wirkt. Der angenehm aromatische Geruch lädt zum Verzehr ein, und auch ich kann aus eigener Erfahrung den ausgezeichneten Geschmack bestätigen. In früheren Zeiten wurden Lorcheln sogar auf Märkten verkauft. Autoren älterer Pilz-

bücher empfahlen gründliches Abkochen und Weggießen des Kochwassers vor der eigentlichen Zubereitung. Auch durch Trocknen soll der Pilz nach einigen Monaten ungefährlich werden. Dennoch sind immer wieder Vergiftungen vorgekommen. Diese könnten sowohl auf schwankender Giftmenge im Pilz als auch mangelhafter Vorbehandlung beruhen. Ferner besteht der Verdacht, daß bei jahrelangem, wiederholtem Genuß eine allergische Reaktion ausgelöst werden kann. Deshalb hat die Frühjahrs-Lorchel schon lange Marktverbot.

Das enthaltene Gift (Gyromitrin) ist ein wasserlösliches Zellgift, welches Leber und Nieren angreift. 4 – 8 Stunden nach dem Verzehr können Beschwerden auftreten, die an eine Vergiftung durch Knollenblätterpilze (S. 30, 32) erinnern. In schweren Fällen ist Todesfolge nicht auszuschließen.

Gratinierte Steinpilzhüte »Ernesto«

(für 2 Personen)

4 große Steinpilzhüte	30 g Butter
4 EL Olivenöl	1 EL Semmelbrösel
1 Bund Basilikum	3 EL geriebener Parmesan
$1/_2$ Bund Petersilie	Salz, Pfeffer

———————◆———————

Die Pilzhüte mit einem Tuch putzen, gegebenenfalls Hutoberseite unter fließendem Wasser abspülen. Öl in einer Pfanne erhitzen und die Pilze von beiden Seiten kräftig anbraten, mit Salz und Pfeffer würzen. Basilikum und Petersilie waschen und die Blättchen fein hacken. Die Butter in einer kleinen Pfanne erhitzen und die Kräuter in der Butter anschwitzen. Mit Semmelbröseln vermischen. Die gebratenen Pilze in eine feuerfeste Form setzen, die Kräuter darübergeben und mit Parmesan bestreuen. Im Backofen bei 200 Grad kurz überbacken, bis der Käse goldgelb ist.

Ebenfalls geeignet
Maronen-Röhrling
Birkenpilz
Espen-Rotkappe
Flockenstieliger Hexen-Röhrling

Gebratene Maronen-Röhrlinge mit Kräuterbutter

(für 4 Personen)

500 g Maronen-Röhrlinge
2 EL Öl
80 g Butter

1 Bund gemischte Kräuter
(Salbei, Pimpernelle,
Zitronenmelisse, Sauerampfer,
Schnittlauch und Kerbel)
Salz, Pfeffer

———— ◆ ————

Die Maronen-Röhrlinge putzen, Stiele herausdrehen und die Pilzhüte mit
Küchenpapier abreiben bzw. kurz waschen. Öl in einer Pfanne erhitzen und
die Pilzhüte bei mittlerer Hitze 6 Minuten braten. Kräuter waschen, trocken-
schütteln und die Blätter fein hacken. Mit der weichen Butter verkneten.
Die Pilze mit Salz und Pfeffer würzen, auf einer Platte anrichten und die
Kräuterbutter daraufsetzen.

Ebenfalls geeignet

Steinpilz
Birkenpilz
Espen-Rotkappe
Flockenstieliger Hexen-Röhrling
Perlpilz
Austern-Seitling
Violetter Rötelritterling
Schopf-Tintling
Frauen-Täubling
Flaschen-Stäubling

Rigatoni mit Gold-Röhrlingen

(für 4 Personen)

500 g Gold-Röhrlinge	2 Salbeiblätter
500 g gehackte Tomaten aus der Dose	400 g Rigatoni
1 Zwiebel	50 g geriebener Parmesan
50 g Butter	1 Zweig Basilikum
	Salz, Pfeffer

———— ◆ ————

Pilze putzen, waschen, trockentupfen und in feine Scheiben schneiden. Zwiebel schälen und fein hacken. Die Hälfte der Butter erhitzen, Zwiebel glasig dünsten, Pilze dazugeben und anbraten. Tomaten und Salbeiblätter dazugeben. Rigatoni laut Packungsanweisung in reichlich Salzwasser kochen, abgießen und abtropfen lassen. Die heißen Rigatoni mit der restlichen Butter mischen und mit der Pilztomatensauce vermengen. Vor dem Servieren mit Parmesan bestreuen und mit Basilikum garnieren.

Ebenfalls geeignet
Butter-Röhling
Steinpilz
Maronen-Röhrling

Pilzsuppe mit Kräutern

(für 4 Personen)

250 g Champignons (oder andere Pilzarten)
1 Zwiebel
2 EL Butter
1 EL Mehl

1 Becher Sahne
1/2 l Gemüsebrühe aus dem Glas
2 EL Créme fraîche
1/2 Bund Thymian
Salz, Pfeffer

———— ◆ ————

Pilze putzen, mit einem Küchentuch abreiben oder kurz waschen und fein hacken. Zwiebel schälen, fein hacken und in der Butter glasig dünsten. Pilze dazugeben, 4 Minuten mitbraten, bis die Flüssigkeit verdampft ist. Mehl darüberstreuen, verrühren und mit der heißen Gemüsebrühe aufgießen. 10 Minuten köcheln lassen, Sahne angießen und weitere 5 Minuten bei schwacher Hitze garen. Thymian fein hacken und mit der Créme fraîche unterziehen. Mit Salz und Pfeffer würzen.

Ebenfalls geeignet

Speise-Morchel
Steinpilz
Maronen-Röhrling
Birkenpilz
Espen-Rotkappe
Butter-Röhrling
Perlpilz
Frauen-Täubling
Totentrompete
Pfifferling

Risotto mit frischen Champignons

(für 4 Personen)

400 g Langkornreis	40 g geriebener Parmesan
1 Zwiebel	2 EL gehackte Petersilie
6 EL Olivenöl	200 g frische Champignons
100 ml Weißwein	1 TL Zitronensaft
1 l Pilzbrühe aus dem Glas	Salz, Pfeffer
40 g Butter	

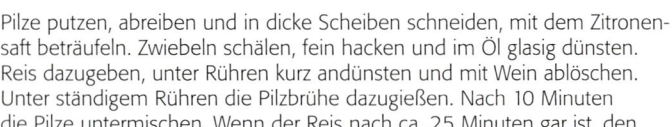

Pilze putzen, abreiben und in dicke Scheiben schneiden, mit dem Zitronensaft beträufeln. Zwiebeln schälen, fein hacken und im Öl glasig dünsten. Reis dazugeben, unter Rühren kurz andünsten und mit Wein ablöschen. Unter ständigem Rühren die Pilzbrühe dazugießen. Nach 10 Minuten die Pilze untermischen. Wenn der Reis nach ca. 25 Minuten gar ist, den Topf vom Herd nehmen und die Butter und den Käse untermischen. Vor dem Servieren mit Salz und Pfeffer abschmecken und mit der Petersilie bestreuen.

Gebackene Parasolhüte

(für 4 Personen)

500 g Parasolhüte	100 g Semmelbrösel
100 g Mehl	Fett zum Ausbacken
2 Eier	

Für die Sauce:
1 Salatgurke	1 Knoblauchzehe
1 Becher Vollmilchjoghurt	$^1/_2$ Bund Basilikum
	Salz, Pfeffer

Für den Kartoffelsalat:
350 g Salatkartoffeln	Salz, Pfeffer
1 Gemüsezwiebel	4 EL Pflanzenöl
1 Bund Schnittlauch	2 EL Weißweinessig
	1 Zitrone

———— ◆ ————

Eier in einer Schüssel verquirlen. Mehl und Semmelbrösel getrennt auf Teller geben. Pilze putzen und mit einem Tuch abreiben. Zuerst in Mehl wenden, dann durch das Ei ziehen und in den Semmelbröseln panieren. Die Panade andrücken. Reichlich fett in einer Pfanne erhitzen und die Pilze von beiden Seiten je 7 Minuten goldgelb backen. Auf einem Küchentuch abtropfen lassen.

Für den Kartoffelsalat die Kartoffeln waschen und in der Schale in kochendem Salzwasser in 20 Minuten garen. Gut auskühlen lassen, schälen und in Scheiben schneiden. Aus Essig, Öl, Salz und Pfeffer eine Marinade rühren und mit den Kartoffeln mischen. Zwiebel schälen, fein hacken und untermischen. Schnittlauch in Röllchen schneiden und darüberstreuen.

Ebenfalls geeignet
Echter Reizker
Steinpilz
Schopf-Tintling

Für die Sauce die Gurke schälen, halbieren, Kerne entfernen und grob raspeln und mit dem Joghurt mischen. Knoblauch schälen und dazudrücken. Basilikum waschen, fein hacken und unter die Sauce mischen. Mit Salz und Pfeffer abschmecken.

Zitrone in Schnitze teilen und zu den gebackenen Pilzen servieren.

Pilzragout aus Hallimasch

(für 4 Personen)

800 g junge Hallimasch-Hüte	1 TL Mehl
2 Zwiebeln	2 EL Butter
100 g Speck	$^1/_8$ l Sahne
5 EL Gemüsebrühe aus dem Glas	2 TL Thymian
2 Fleischtomaten	Salz, Pfeffer

Pilze putzen, Stiele entfernen, Hüte unter lauwarmem Wasser waschen, blanchieren. Abtropfen lassen. Zwiebeln schälen und mit dem Speck fein würfeln. Speck in einer Pfanne ausbraten, Zwiebeln dazugeben und im Speckfett andünsten. Pilze zufügen, anbraten und mit der Gemüsebrühe ablöschen. Zugedeckt bei schwacher Hitze 5 Minuten kochen lassen. Tomaten heiß überbrühen, kalt abschrecken, häuten, Fruchtfleisch würfeln, Kerne entfernen und zu den Pilzen geben. Weitere 5 Minuten köcheln lassen. Das Mehl mit der Butter verkneten und im Pilzragout auflösen. Sahne untermischen und mit Salz, Pfeffer und Thymian würzen.

Ebenfalls geeignet
Violetter Rötelritterling
Nebelgrauer Trichterling

Rötelritterlinge auf gebratenen Äpfeln

(für 2 Personen)

250 g Violette Rötelritterlinge
Salz
5 EL Öl
1 Knoblauchzehe
etwas Kümmel

$^1/_2$ Tasse Fleischbrühe
2 kleine Boskopäpfel
1 große Gemüsezwiebel
50 g Butter
Pfeffer

———◆———

Die Stiele der Pilze knapp unter dem Hut abschneiden, Hüte putzen und in dünne Scheiben schneiden. Die Pilze in leicht gesalzenem Wasser 5 Minuten blanchieren, abtropfen lassen. Das Öl in einer Pfanne erhitzen und die Pilzscheiben anbraten. Knoblauchzehe schälen, fein hacken und zu den Pilzen geben. Mit Kümmel würzen und ca. 20 Minuten weiterbraten, dabei immer etwas Brühe angießen. Äpfel schälen, Kerngehäuse entfernen und in dicke Scheiben schneiden. Zwiebel schälen und in feine Ringe schneiden. Die Butter in einer zweiten Pfanne erhitzen und die Zwiebelringe glasig dünsten, Äpfel dazugeben und weich werden lassen. Die Pilze mit Salz und Pfeffer würzen und mit Zwiebel- und Äpfelringen auf Tellern anrichten.

Ebenfalls geeignet
Nebelgrauer Trichterling
Gemeiner Hallimasch

Gebratene Reizker
(für 4 Personen)

500 g Reizker
70 g geräucherter Speck
1 rote Zwiebel
Salz, Pfeffer

1 Strauß gemischte Kräuter
(Salbei, Pimpernelle,
Sauerampfer, Schnittlauch,
Kerbel etc.)

———— ◆ ————

Pilze putzen, Stiele abschneiden. Speck fein würfeln. Zwiebel schälen und fein hacken. Speck in einer Pfanne auslassen, Zwiebel im Speckfett glasig braten, Pilzhüte in die Pfanne geben und von allen Seiten 5 Minuten braten. Kräuter fein hacken und kurz vor Ende der Garzeit über die Pilze streuen. Mit Salz und Pfeffer abschmecken.

Ebenfalls geeignet
Brätling
Frauen-Täubling
Perlpilz
Großer Riesenschirmling
Violetter Rötelritterling
Flaschen-Stäubling

Pfifferlingstartar mit Artischocken

(für 4 Personen)

2 Artischockenböden aus der Dose
Saft einer $1/2$ Zitrone
6 Stangen grüner Spargel
2 EL Zitronensaft
500 g Pfifferlinge

Salz, Pfeffer
100 g Rucola
1 EL Rotweinessig
2 EL Olivenöl
Salz, Pfeffer

Artischockenböden abtropfen lassen und fein würfeln. Spargel putzen, Enden abschneiden und in $1/2$ l Wasser mit dem Zitronensaft 10 Minuten kochen, abgießen und abtropfen lassen. Spargel in 4 cm lange Stücke schneiden. Pfifferlinge putzen und in feine Würfel schneiden. Pilze in der Sauteuse 2 Minuten bei starker Hitze garen, danach abkühlen lassen. Sie können die Pilze auch in 1 EL Butter bei starker Hitze schnell anbraten, bis die Flüssigkeit verdampft ist. Rucola waschen und trockentupfen. Aus Essig, Öl, Salz und Pfeffer eine Marinade rühren. Pfifferlinge in die Mitte der Teller häufen. Den Salat mit der Marinade mischen und rundherum legen, die Spargelstücke sternförmig dazulegen. Artischockenwürfel darüberstreuen.

Lasagne mit Pfifferlingen

(für 4 Personen)

250 g Pfifferlinge
2 Zwiebeln
4 EL Öl
300 g gemischtes Hackfleisch
3 Tomaten
$1/8$ l Fleischbrühe aus dem Glas
1 TL Thymian

$1/2$ TL Oregano
250 g Lasagneblätter
100 g Mozzarella
50 g geriebener Parmesan
Salz, Pfeffer
Butter für die Form

Für die Sauce:
40 g Butter
40 g Mehl

$1/4$ l Milch
$1/8$ l Fleischbrühe aus dem Glas

———— ◆ ————

Pfifferlinge putzen und in Streifen schneiden. Zwiebeln schälen, fein hacken und im Öl glasig dünsten. Fleisch zugeben und anbraten, Pilze untermischen. Tomaten heiß überbrühen, kalt abschrecken, häuten und würfeln. Zu dem Fleisch geben und die Fleischbrühe angießen. 15 Minuten dünsten und mit den Gewürzen, Salz und Pfeffer abschmecken.
Für die Béchamelsauce die Butter in einem Topf erhitzen, Mehl einrühren, anschwitzen und nach und nach die Milch angießen, danach die Brühe, mit Salz und Pfeffer würzen. Eine feuerfeste Form einfetten, auf den Boden etwas Béchamelsauce geben, eine Lage Lasagneblätter, darauf eine Schicht Pilz-Fleisch-Sauce, etwas Béchamelsauce, Mozzarella und wieder Lasagne. Die letzte Schicht muß Béchamelsauce sein, darüber den Parmesan streuen. Die Lasagne im Backofen bei 175 Grad in 35 Minuten backen.

Selleriesuppe mit Totentrompeten

(für 4 Personen)

400 g frische (oder 80 g getrocknete) Totentrompeten
1 große Sellerieknolle
2 Karotten
30 g Butter

½ Bund Petersilie
1 l Fleischbrühe aus dem Glas
200 g Sahne
1 Bund Kerbel
Salz, Pfeffer

Pilze putzen (gegebenenfalls einweichen), waschen, trockentupfen und auseinanderzupfen. Sellerie schälen, halbieren und in Scheiben schneiden. Karotten putzen und grob würfeln. Butter in einem Topf erhitzen, Sellerie und Karotten andünsten. Petersilie waschen, Blättchen von den Stielen zupfen und dazugeben. Mit der Fleischbrühe aufgießen und 20 Minuten bei mittlerer Hitze köcheln lassen. Suppe im Mixer pürieren, wieder erhitzen und die Pilze dazugeben. 15 Minuten bei schwacher Hitze ziehen lassen. Sahne einrühren. Kerbel waschen, feinhacken und vor dem Servieren über die Suppe streuen.

Rührei mit Morcheln

(für 4 Personen)

100 g frische (oder 20 g getrocknete) Morcheln	Salz
1 Schalotte	schwarzer Pfeffer aus der Mühle
3 EL Butter	frischgeriebene Muskatnuß
50 g magerer Schinkenspeck	4 Blätterteigtartelettes oder
8 Eier	4 Weißbrotscheiben
	1 EL gehackte Petersilie

Getrocknete Morcheln 1 Stunde mit kaltem Wasser bedeckt einweichen, frische Morcheln 5 Minuten in kaltes Wasser legen. Die Pilze einzeln unter fließendem Wasser gründlich waschen. Auf Küchenpapier abtrocknen lassen. Große Morcheln halbieren oder vierteln.
Die geschälte Schalotte in feine Würfel schneiden. 2 Eßlöffel Butter in einer kunststoffbeschichteten Pfanne erhitzen und die Schalottenwürfel darin glasig braten. Den Schinkenspeck ebenfalls in Würfel schneiden und zu den Schalotten in die Pfanne geben. Kurz anbraten lassen, anschließend die Morcheln hinzufügen und 5 Minuten schmoren lassen; es muß alle Flüssigkeit verdunstet sein.
Eier, Salz, Pfeffer und Muskatnuß mit einem Schneebesen schlagen, bis ein leichter Schaum entsteht. Die Eimasse über die Morcheln geben und unter ständigem Rühren zu einer cremigen Masse erstarren lassen. Während des Rührens die restliche Butter in kleinen Flöckchen unter das Rührei mischen. Das Rührei in Blätterteigtartelettes oder auf getoasteten Weißbrotscheiben anrichten. Mit der Petersilie bestreuen.

Ebenfalls geeignet
Pfifferling